W0086826

Über die Autorin:
Maria Scherer studierte Journalistik in Göteborg und arbeitet als Autorin, Journalistin und Kolumnistin. Sie ist seit vielen Jahren eine der meistgelesenen Autorinnen Schwedens und hat mehr als zwanzig Bücher zum Thema Psychologie und Lebenskunst veröffentlicht. Mit der Romantrilogie *Pas de deux*, *Die Silbertrompete* und *Maskenball* wurde sie international bekannt. Maria Scherer lebt heute abwechselnd in London und in Schweden.

Maria Scherer

SAG JA –
SAG JETZT

Die Kunst, Ballast abzuwerfen und
sein Leben neu zu gestalten

Aus dem Schwedischen von
Birgitta Kicherer

BASTEI
LÜBBE

BASTEI LÜBBE TASCHENBUCH
Band 66417

1. Auflage: März 2008

Vollständige Taschenbuchausgabe
der im Ehrenwirth Verlag erschienenen Hardcoverausgabe

Bastei Lübbe Taschenbücher und Ehrenwirth Verlag
in der Verlagsgruppe Lübbe

Copyright © 2002 by Maria Scherer
Titel der Originalausgabe:
Du är inte ensam
Published by arrangement with Albert Bonniers Förlag AB,
10363 Stockholm, Schweden
Copyright © für die deutschsprachige Ausgabe 2006
by Verlagsgruppe Lübbe GmbH & Co. KG,
Bergisch Gladbach
Textredaktion: Marion Labonte, Wachtberg
Layout: Christina Krutz Design, Riedlhütte
Umschlaggestaltung: Christina Krutz Design, Riedlhütte
Titelbild: © getty-images/Gay Bumgarner
Satz: Dörlemann Satz, Lemförde
Druck und Verarbeitung: GGP Media GmbH, Pößneck
Printed in Germany
ISBN 978-3-404-66417-7

Sie finden uns im Internet unter
www.luebbe.de
Bitte beachten Sie auch: www.lesejury.de

INHALT

DER WEG DER LIEBE –
BEGEGNUNG MIT DEM PAPST

»Seine Augen sind
überwältigend.
Alterslos.
So stark.
Kornblume und Feuer…«

Rom im November, bevor die Stadt erwacht ist. Die scharfen Scheinwerfer des roten Taxis durchschneiden das fahle Licht des Morgengrauens. Ein paar nächtliche Wanderer befinden sich auf dem Heimweg – oder im Aufbruch. Markisen werden quietschend eingezogen – oder heruntergelassen. Vereinzelt steigen Cappuccinodämpfe auf, es duftet nach frisch gebackenen Cornetti. Rom reibt sich verschlafen die Augen. Es ist halb sechs Uhr morgens im November und ungewöhnlich kalt für Rom und Italien.

»Was wollen Sie denn so früh im Vatikan?«, fragt der Taxifahrer, der filterlose Zigaretten raucht, eine nach der anderen. Aus dem Autoradio kommen schmachtende Klänge aus Capri.

»Den Papst treffen«, antworte ich.

»Jaja, natürlich«, sagt er nachsichtig mit einem freundlichen Lächeln.

»Doch, das stimmt«, sage ich und halte den Brief vom Vatikan hoch.

Abrupt hält er mitten in der dunklen, immer noch fast stillen Stadt an.

»Ich segne Sie«, sagt er ernst. »Bitte beten Sie für meine Schwester – wenn es möglich ist. Beten Sie, dass sie endlich ein Kind bekommt. Oder nein, Sie brauchen nicht zu beten – wenn der Papst anwesend ist, genügt es, daran zu denken. Der Papst ist ein magischer Mann. O ja, er wird Ihr ganzes Leben verändern!«

Ich steige auf dem dunklen, fast verlassenen Petersplatz aus.

Am Himmel, der bisher nicht entschieden hat, ob es noch Nacht ist oder ob bereits der Morgen dämmert, stoßen ein paar Vögel kraftlose Schreie aus.

Neben dem anspruchslosen Eingang zur Privatkapelle des Papstes blinkt ein schwaches Licht. Silhouetten von Pferdekutschen bewegen sich lautlos durch die Dunkelheit, Nonnen ziehen an mir vorbei.

Eine lange Reihe junger Männer in historischen Kostümen und schwarzen Baretten unterbricht die beinahe filmisch dramatische Stimmung – es sind Mitglieder der Schweizergarde des Papstes. Unter den romantischen Spitzenhemden und gebauschten Samthosen verbergen sich scharf geladene Waffen.

Obwohl die private Morgenmesse des Papstes erst um sieben Uhr beginnt, sind alle Teilnehmer schon frühzeitig eingetroffen. Die Kontrolle ist minutiös –

obwohl jedes Mal nur zirka fünfzehn Personen die Ehre haben, an der Messe teilzunehmen.

Das Warten zieht sich hin, die Spannung wird unerträglich. Schließlich ertönt die Kapellenglocke, worauf ein paar Priester in langen Mänteln uns in die kleine Kapelle führen.

Endlich! Dort kommt er. Der Papst, umgeben von Wachen und Kardinälen. Seine Gestalt ist gebrechlich und gebeugt, sein Haupt leicht gesenkt.

In dem schwachen Morgenlicht ist sein Gesicht kaum erkennbar. Seine Stimme dagegen klingt überraschend stark und überzeugend. Die Augen blitzen auf wie zwei blaue Funken. Man vergisst sein Alter und seine Krankheit, schon allein das ist magisch.

Drei Stunden später.

Der Petersplatz ist alles andere als menschenleer. Innerhalb von drei Stunden haben sich hier über fünfzehntausend Menschen versammelt, die jetzt unter dem grauen Novemberhimmel warten. Sie sind aus der ganzen Welt angereist, viele noch jung, Teenager, Kinder – Menschen aller Altersgruppen und Nationalitäten sind vertreten.

Der Papst lässt auf sich warten. Die fünfzehntausend Wartenden rufen den Namen des Papstes und klatschen in die Hände, fast wie bei einem Popkonzert.

»Il Papa, il Papa … Der Papst … Der Papst!«

Er kommt leise und lautlos, kommt in seinem weißen Papamobil. Hebt die Hände zum Publikum, fast wie ein vergötterter Popstar. Er lacht und scherzt über das kalte Wetter. Da – im selben Augenblick bricht die Sonne durch, warm und leuchtend. Rom badet plötzlich in strahlendem Sonnenschein. Der Jubel der Massen steigt auf. Die Liebe, die dem Papst entgegengebracht wird, ist grenzenlos.

Es folgt eine zweistündige Predigt in allen wichtigen Sprachen. Wie ein junger, vielseitig begabter Student wechselt er zwischen Latein, Italienisch, Französisch, Polnisch und Deutsch. Die Verzauberung ist allgegenwärtig. Wer hat behauptet, Gott sei unmodern?

Die Messe ist beendet. Ich werde von einem Kardinal nach vorn gerufen und stehe Auge in Auge mit dem Papst. Ich knie nieder, obwohl ich nicht katholisch bin. Seine Augen sind überwältigend. Alterslos. Unglaublich stark. Kornblume und Feuer. Sein Gesicht wirkt überraschend weich und glatt – beinahe faltenlos. Vergeistigt.

Er berührt leicht meine Hand und spricht einen Segen.

Dieses Erlebnis lässt sich nicht beschreiben. Es ist nicht in erster Linie religiös. Es ist eher so, als würde alles in mir durchgerüttelt werden. Einfach alles.

»Alles ist möglich, wenn wir es wagen zu glauben – und den Weg der Liebe zu gehen! Gott ist Liebe«, sagt der Papst. Dann fügt er in fast alltäglichem Plauderton hinzu:

»Schweden ist ein schönes Land, das ich sehr mag. Grüßen Sie alle meine Freunde dort.«

Der Augenblick ist vorüber. Der Papst verschwindet

langsam in seinem lautlos fahrenden weißen Auto. Die Massen bleiben stehen. Die Ovationen steigern sich zu einem weiteren Crescendo und wollen nicht enden.

Plötzlich werde ich von Kindern in polnischer Tracht, von Jugendlichen aus Frankreich, von großen Gruppen aus Ungarn, Spanien und anderen Ländern umringt. Alle wollen wissen, was der Papst zu mir gesagt hat. Ganz unvermutet bin ich zu einem Glied in einem geistlichen Prozess geworden. All diese Menschen, die in ihrem Bedürfnis nach Spiritualität und in ihrer Sehnsucht nach seelischer Gemeinschaft weit und lange gereist sind, berühren mich zutiefst. Trotzdem sind es genau diese Fragen, über die zu reden uns so schwer fällt. Aber wir teilen alle dieselbe Sehnsucht nach den Antworten.

Und jetzt – hier in Rom in diesem bemerkenswerten Moment – beschließe ich, dieses Buch zu schreiben...

HIER HAST DU DEIN LEBEN

»Ich schenke dir
die Zeit zurück.
Es ist nie zu spät...«

Hier hast du dein Leben... Schalte den Fernseher ein, lehne dich zurück. Heute Abend kommt eine Sondersendung. Zu deiner großen Überraschung stellst du fest, dass die Sendung von dir handelt. »Hier hast du dein Leben...«, sagt der Moderator, woraufhin du deinen Namen in großen Buchstaben vorbeiflimmern siehst. Deine Freunde, Angehörigen und Kollegen sind angetreten, um dir zu huldigen, Erinnerungen mitzuteilen und sich über dich zu äußern. Alle lächeln und sagen nette Dinge über dich.

Aber fehlt da nicht etwas? Tragen nicht viele der Gäste unmoderne Kleidung, haben sie nicht Frisuren von gestern? Reden sie nicht ein wenig altmodisch? Sie scheinen irgendwie stehen geblieben zu sein. Genau wie auf den Fotos im Album oben auf dem Dachboden. Oder ist es die Zeit, die stehen geblieben ist...

Lehne dich wieder zurück. Ist ja nichts Schlimmes. Nur eine nette Sendung über dein Leben. Ein Album mit Erinnerungen. Ist doch klar, dass du überrascht und ein wenig verlegen bist.

Aber warum erzählen alle Beteiligten lauter lächerliche alte Geschichten über Sachen, die du schon längst vergessen hast?

Wer ist dieser junge Mensch dort drüben – ganz hinten in der Ecke? Oder war das nur ein Schatten? War das nicht die Person, in die du so verliebt warst und die dann einfach verschwand, die auf deinem Herzen herumtrampelte und sich nicht darum scherte, ob du überleben würdest oder nicht? Warum haben sie ausgerechnet diese Person eingeladen? Wie peinlich! Und erstaunlicherweise schmerzt es immer noch – obwohl du der Meinung warst, du hättest das alles vergessen. Das Herz gewöhnt sich nie…

»Hier hast du dein Leben«, teilt der Moderator mit, und dabei hast du das seltsame Gefühl, dass irgendetwas nicht stimmt…

All diese Menschen, lauter Menschen, die du seit vielen Jahren nicht gesehen, mit denen du seit Jahren nicht gesprochen hast. Und überhaupt – was haben all diese Personen, die du nicht einmal besonders magst, ausgerechnet in deiner Sendung und in deinem Leben verloren?

Allmählich kriegst du Magenschmerzen. Und wo bist du selbst überhaupt? Du hast ja kaum einen Hauch von dir selbst gesehen. Du schaust und suchst.

»Ach ja, natürlich«, denkst du erleichtert. Dort hinten in der Ecke stehst du ja. Aber bist das tatsächlich du? Ist das nicht dein jüngerer Bruder oder deine kleine Schwester? Du siehst so jung und schutzlos aus –

und warum stehen da immer große, bedrohliche Personen im Weg und behindern dich, jedes Mal, wenn du nach vorn treten willst?

Warum unterdrücken sie dich und schauen jedes Mal an dir vorbei, wenn du zu sagen versuchst, was deinem Empfinden nach richtig ist? Warum hört dir niemand zu? Es hilft nicht einmal, wenn du schreist.

Die Magenschmerzen werden schlimmer. Irgendetwas stimmt hier nicht. Das da bist du – und doch nicht du. Es muss sich um ein Missverständnis handeln. Was ist mit all den Dingen, die im Lauf der letzten Jahre passiert sind? Den vielen neuen Plänen und den frischen Träumen. Alles, was im letzten Sommer geschah und im letzten Jahr. Oder hat das etwa gar nicht stattgefunden? Ist die Zeit trotz allem einfach stehen geblieben?

Ist das die traurige Wahrheit? Hast du dich immer im gleichen Trott weiterbewegt, immer wieder die Wiederholungstaste gedrückt? Hast du viele Jahre lang die gleiche Kassette abgespielt, ohne es auch nur zu merken?

Dieses junge Mädchen dort beim Schwimmbecken – oben neben dem Sprungturm. Das junge Mädchen mit den Stirnfransen und dem unmodernen Badeanzug, das da neben dem Sprungturm steht und allen, die es hören wollen, immer wieder verkündet, jetzt gleich, jetzt bald, kriegt ihr den Sprung zu sehen... Wartet nur, ich werde es euch allen zeigen...

Hier hast du dein Leben... Die Sendung läuft, und

du windest dich peinlich berührt vor dem Fernseher. Welch ein Glück, dass du allein daheim bist und kein Mensch all diese Sachen sieht, die so gar nicht das geworden sind, was du dir vorgestellt hattest.

»Haltet den Film an – ich will aussteigen«, flüsterst du vor dich hin, während das Gefühl der Machtlosigkeit sich in dir ausbreitet.

Da geschieht etwas in der Sendung. Eine glitzernde Märchengestalt in einem weiten Umhang betritt die Bühne und schwenkt einen Zauberstab. Im Hintergrund sind Trommeln zu hören, Trompeten künden einen Auftritt an. Die glitzernde Märchengestalt blickt direkt in die Kamera, das Gesicht ist weiß geschminkt wie das des Conférenciers in dem Film *Cabaret*. Der rote Mund leuchtet im Scheinwerferlicht, er ruft deinen Namen und lacht:

»Willkommen in deinem neuen Leben! Hier hast du dein – NEUES LEBEN!«

»Was soll das heißen – neues Leben ...?«, flüsterst du verwirrt. »Und wer bist du?«

»Ich bin zwei Personen gleichzeitig! Ich bin der Wille und die Zeit!«

»Aber ich verstehe nicht ...«, murmelst du.

»Natürlich tust du das – und du brauchst gar nicht so ängstlich dreinzuschauen. Ich bringe gute Neuigkeiten. Wir können diese Sendung über dein Leben ganz nach deinen Wünschen verändern. Jederzeit.«

»Und wie sollte das möglich sein? Dafür ist es doch zu spät ...«

»Nein, es ist nicht zu spät. Es ist genau der richtige Zeitpunkt... gerade jetzt... gerade heute.«

Plötzlich beginnt die glitzernde Gestalt vorn auf der Bühne zu lachen. Sie lacht und lächelt dir dann aufmunternd zu.

»Ich habe doch gesagt, dass ich zwei Personen in mir vereine. Den Willen und die Zeit. Die Zeit ist nichts als Einbildung. Du hast unendlich viel Zeit. Daher gebe ich dir die Zeit zurück. Es ist nie zu spät – und es ist auch nie zu früh –, wenn nur der Wille vorhanden ist! Ich gebe dir auch den Willen zurück. Du hattest mich vergessen, und du hattest die Zeit vergessen. Jetzt verändern wir die Sendung über dein Leben – wenn du willst –, aber nur wenn du selbst es willst.

Jetzt hast du die Zeit und den Willen.

Dies ist dein neues Leben!«

ES IST NIE ZU SPÄT FÜR EINE GLÜCKLICHE KINDHEIT

»Nein, ich glaube,
niemand sollte verzeihen,
ohne vorher zu verstehen ...«

Wir werden geboren. Zu der Geburt gehören eine Mutter und ein Vater. Im günstigsten Fall wird das neugeborene Kind auch mit seinem biologischen Ursprung zusammenleben – mit der Mutter und dem Vater.

Ganz gleich, wie sehr das traditionelle Bild der Familie sich verändert, sind Mutter und Vater diejenigen, die direkt oder indirekt unsere Kindheit prägen.

Leider trifft man nur selten eine Person, die eine glückliche Kindheit gehabt hat. Viele Menschen sind überzeugt, dass ihr Leben anders verlaufen wäre, wenn ihre Kindheit nur wärmer und liebevoller gewesen wäre und sie mehr Ermunterung erhalten hätten.

Die Kindheit steht im Brennpunkt wie nie zuvor. Fast alle Irrtümer und Charakterfehler lassen sich auf eine unglückliche und lieblose Kindheit zurückführen. Die Sprechzimmer der Psychologen sind überfüllt von sowohl jungen Menschen als auch von Personen mittleren Alters, welche die Probleme der Kindheit aufarbeiten und die Zusammenhänge verstehen wollen.

Eine relativ neue kulturelle Entwicklung zeigt sich in der Tatsache, dass Erwachsene über ihre Eltern richten und auch über die Kindheit urteilen, die diese Eltern ihnen gaben, sei sie nun gut oder schlecht.

Frühere Generationen wurden dazu erzogen, gemäß der Bibel zu leben: »Du sollst deinen Vater und deine Mutter ehren, damit es dir wohl ergehe im Leben.«

Das waren klare Worte, und wer sich über seine Eltern beschwerte, beschwerte sich indirekt über Gott, und dafür lag eine Strafe in der Luft.

Es ist erst zirka zwanzig Jahre her, dass die Autoren Kerstin Thorvall und Jan Myrdal ganz Schweden mit ihren Enthüllungen über ihre unglückliche Kindheit erschütterten. Kerstin Thorvall klagte das Allerheiligste an – ihre Mutter. Jan Myrdal richtete heftige Attacken gegen seine Eltern – das heilig gesprochene Botschafterehepaar Alva und Gunnar Myrdal. Die öffentliche Auseinandersetzung der beiden Autoren mit ihrer Kindheit rief sehr starke Reaktionen hervor – die meisten davon negativ. Sogar Jan Myrdals Geschwister stellten sich gegen ihn und erklärten, Alva und Gunnar seien ausgezeichnete Eltern gewesen.

Es ist allerdings ein häufiges Phänomen, dass mehrere Geschwister eine gemeinsame Kindheit vollkommen unterschiedlich erleben. Das bedeutet nicht, dass eines von ihnen sich irrt. Die Kindheit verläuft oft unterschiedlich – obwohl wir dieselben Eltern haben und im selben Zuhause aufwachsen. Kein Kind ist dem anderen gleich, daher erhalten Geschwister von den

Eltern unterschiedliche Reaktionen und Gefühle. Dies trifft vor allem dann zu, wenn der Altersunterschied zwischen den Geschwistern groß ist und die Eltern sich in der Zwischenzeit weiterentwickelt haben, reifer werden und eine bessere finanzielle und gesellschaftliche Position erreichen.

Jemand hat einmal gesagt:

»Es ist nie zu spät für eine glückliche Kindheit.«

In dieser Äußerung ist natürlich die Möglichkeit der Wahl und Neubewertung enthalten. Man kann sich vor allem an die glücklichen Momente erinnern und einsehen, dass die meisten Eltern trotz allem ihr Bestes getan haben – oder zumindest das, was sie für gut und richtig hielten.

Ein großer amerikanischer Autor rief neulich aus:

»Der glücklichste Augenblick meines Lebens war, als ich beschloss, meinen Eltern zu verzeihen. Das war eine ungeheure Befreiung.«

Aber sollen wir denn tatsächlich Eltern verzeihen, die uns geschlagen und gequält, uns gedemütigt und vielleicht unser Selbstwertgefühl zerstört haben? Sollen wir auch jenen Eltern verzeihen, die Inzest begangen haben oder Alkohol und Drogen verfallen waren und unsere Kindheit im Schatten des Missbrauchs in eine Hölle verwandelten? All jenen Eltern – vor allem Vätern –, die einfach verschwunden sind. Die abgehauen sind, ihr Kind im Stich gelassen haben. Verschwundenen Vätern, die zehn, zwanzig oder fünfzig Jahre später auftauchen und sich mit den munteren Worten vorstellen:

»Hallo, dein richtiger Vater, das bin ich!«

Sollen wir dann einfach verzeihen, uns freuen und diesen fremden Menschen in die Arme schließen, wie in den Talkshows im Fernsehen?

Nein, ich glaube, niemand sollte etwas verzeihen, ohne zuvor versucht zu haben, es zu verstehen. Anstatt sich im angsterfüllten Schatten der eigenen Kindheit einem lebenslänglichen Leiden hinzugeben, ist es immer besser, ein Gespräch mit den Eltern zu suchen — wenn das möglich ist — oder mit einem Psychologen, Kurator, Pfarrer oder einer ähnlichen Person. Mit irgendeinem Fachmann, der die Puzzleteile ordnen und uns Kraft zum Weitergehen vermitteln kann — trotz einer unglücklichen oder traurigen Kindheit.

Dies ist sehr wichtig. Unser Leben sollte nicht vor allem deshalb gelebt werden, um unsere Kindheit zu verstehen. Wir müssen weitergehen. Wir müssen jetzt leben. Wir müssen uns auf unser eigenes Leben und das unserer eigenen Kinder konzentrieren und dürfen deren Chance auf eine glückliche Kindheit nicht zerstören.

Die meisten Menschen versöhnen sich mit ihren Eltern, wenn die eigenen Kinder Teenager werden und anfangen, wegen *ihrer* Kindheit Anklage zu erheben.

Spätestens dann schließt sich der Kreis, und man sieht ein, dass Mutter und Vater vielleicht trotz allem nur Menschen waren. Menschen mit Fehlern und Mängeln und mit guten Absichten, die manchmal hoffnungslos danebengingen …

SCHREIBE DEIN LEBENSMANUSKRIPT!

»Du bist immer
von Menschen umringt,
die dich
kleiner machen wollen...«

»Das Leben wird eben so, wie es wird«, behaupten die meisten. »Das Leben ist nun mal so geworden, wie es geworden ist«, sagen noch mehr Leute. Und das ist viel schlimmer. Viel endgültiger. Ohne Auswege. Und ohne weitere Abkürzungen.

Es wird so, wie es wird, es ist so geworden, wie es geworden ist. Und wir selbst standen einfach daneben und schauten zu.

Aber ist das wirklich wahr? Und vor allem, ist es notwendig?

Ich glaube, es ist weder wahr noch notwendig. Ich glaube eher, es ist höchste Zeit, über unser Lebensmanuskript zu reden. Ein Manuskript, das fortwährend existiert – mehr oder weniger unbewusst. Unser Lebensmanuskript. Das Manuskript, das unser Leben bestimmt.

Und wer schreibt dieses Manuskript? Wer ist der Autor?

Ich glaube, wir alle schreiben unser Lebensmanuskript selbst.

»Nein, das Schicksal schreibt es«, werden viele einwenden.

»Nein, die Umstände schreiben es«, sagen andere.

»Die Pflicht schreibt es«, sagen die Gewissenhaften.

Aber wem auch immer wir die Schuld geben – einer Person oder Umständen, die wir als übermächtig empfinden –, sind wir es dennoch selbst, welche die Richtlinien ziehen. Wir selbst entscheiden, ob die Überschriften mit Ausrufezeichen oder Fragezeichen enden. Wir selbst entscheiden, ob das Manuskript eine Tragödie, eine Komödie, ein Erfolg wird – oder nur verschwommenes Mittelmaß.

Wenn wir unser Lebensmanuskript schreiben, geschieht das natürlich nicht mit dem Stift in der Hand oder vor einem Computer. Nein, das geschieht meist ganz unbewusst – es ist aber häufig genauso fest in die Seele und die Gefühle eingeritzt wie die Inschrift auf einem Runenstein.

Die meisten von uns schreiben ihr Lebensmanuskript sehr früh. Wenn wir jung und begeisterungsfähig sind und noch der Meinung, das Leben habe einen Sinn. Wenn wir es noch wagen, uns das Beste zu wünschen, und uns einfach bedienen, anstatt zu glauben, wir müssten uns dafür schämen, einen Platz an der Sonne und im Rampenlicht des Lebens anzustreben.

Dann kommen die Stürme, die herbstlichen Zeiten

und die kalten, dunklen Nächte. Wir vergessen, verstecken und vergraben dieses Manuskript, in dem wir selbst eine dynamische Hauptrolle spielten – weitab vom zähen Alltagstrott.

Ein Manuskript, in das wir Liebe und Glück hineingeschrieben hatten. In dem unsere Hauptrolle selbstverständlich auch große Liebe, Leidenschaft und Lebensfreude enthielt. Oder? Vielleicht vergaßen wir die Liebe, das Glück und die Lebensfreude? Vielleicht haben wir vergessen, dass wir überhaupt je ein Manuskript geschrieben haben? Vielleicht ließen wir andere es für uns schreiben, ohne darüber nachzudenken? Vielleicht fanden wir es sinnlos, überhaupt ein Manuskript zu schreiben – was auch eine Art ist, indirekt eines zu schreiben.

Was auch geschehen sein mag – es ist an der Zeit, dein altes Lebensmanuskript hervorzuholen. Ungeachtet deines jeweiligen Alters. Vergiss nicht: »Man ist nie zu alt – möglicherweise ist man zu jung.«

Es ist an der Zeit, es hervorzuholen, sich zu erinnern und es vielleicht neu zu schreiben. Kein Manuskript hält ein Leben lang ohne Änderungen. Sogar die Bibel, das Gesangbuch und alte Klassiker müssen umgeschrieben, berichtigt und modernisiert werden.

Es ist an der Zeit, es umzuschreiben, neu zu schreiben, etwas hinzuzufügen und zu entfernen. Du bist jetzt nicht derselbe Mensch wie damals. Niemand ist jemals derselbe Mensch.

»Du kannst nicht zweimal in denselben Fluss eintauchen«, schrieb der griechische Philosoph Heraklit und spielte damit auf die grundlegende Bewegung und Veränderung des Lebens an. Eine Tatsache, die Sicherheitsfanatiker ängstigt – nichts ist beständig und konstant. Hilfe! Aber eigentlich müssten wir jubeln und uns freuen. Jeder Tag kommt frisch gewaschen daher, voll schimmernder Klarheit. Alles befindet sich in ständiger Erneuerung!

Der Himmel, der gestern bleischwer und grau war und peitschenden Regen herabschüttete, leuchtet heute in mildem Hellblau, und die Sonne schickt verschwenderische Strahlen auf die glücklichen Gesichter der überraschten Menschen.

»Auch der schlimmste Tag nimmt ein Ende«, dichteten sowohl Shakespeare als auch Gustaf Fröding – auf unterschiedliche Weise.

Also ist es Zeit für das Lebensmanuskript. Und diesmal schreibst du es selbst!

Immer wieder glauben wir, es selbst zu schreiben und zu planen, während im Grunde jemand anders unsere Träume erstickt. Viele von uns sind dazu erzogen worden, in erster Linie anderen zu gefallen und sie zu erfreuen anstatt sich selbst. Mutter, Vater, Onkel, Tante, Ehefrau oder Ehemann, der Chef, die beste Freundin oder der beste Freund – alle wollen sie unser Bestes, und alle glauben sie, viel besser als wir selbst zu wissen, was gut für uns ist. Und man will ja keinen Streit anfangen und keine Scherereien machen.

Es dauert oft ziemlich lange, bis wir einsehen, dass

sehr viele gute Ratschläge von Freunden und Verwandten durch Neid und Angst motiviert sind. Es ist die Angst, dich zu verlieren, wenn du allzu große Träume realisierst.

Sei auf der Hut! Du bist stets von Menschen umgeben, die dich kleiner machen wollen – um sich selbst größer zu fühlen.

GEISTIGER FRÜHJAHRSPUTZ

»Wenn wir glücklicher
werden wollen,
müssen wir
manche Menschen
aussortieren.«

Wir alle wissen, was geschieht, wenn man ein Fernglas umdreht. Die Menschen, die man betrachtet, werden nicht vergrößert, sondern erscheinen kleiner als je zuvor. Die Frage ist, wie Menschen das Fernglas halten, wenn sie dich anschauen und beobachten. Sehen sie dich überhaupt? Oder stehst du in der zunehmenden Dämmerung nur da, fuchtelst mit den Armen und schreist:

»Schaut her! Hier bin ich!«

Wir alle haben das tiefe Bedürfnis, gesehen zu werden. Aber an allzu vielen von uns wird einfach gleichgültig vorbeigeschaut – und dann stirbt jedes Mal etwas in unserem Innern. Zum Schluss sind wir davon überzeugt, keinen eigenen Wert, keine eigene Bedeutung zu haben. Wir glauben, wir seien so unwichtig und uninteressant, dass niemand innehalten und uns für einen kurzen Augenblick anhören und anschauen mag und wir deshalb nicht gesehen werden.

Nicht gesehen zu werden bedeutet auch, nicht bestätigt zu werden.

Wenn man von den Menschen in seinem engsten Umfeld nicht gesehen und bestätigt wird, ist das auf Dauer mindestens so gefährlich und schädlich wie eine schleichende Krankheit.

Anstatt sich selbst immer wieder anzuklagen und ein vielleicht bereits schwaches und beschädigtes Selbstvertrauen zu untergraben, sollten wir uns die Menschen, die uns ignorieren und wie Luft behandeln, einmal genauer anschauen.

Mit welchen Menschen umgebe ich mich, und warum lasse ich es zu, dass manche von ihnen mich behandeln wie etwas, das die Katze aus Versehen hereingeschleppt hat? Das ist eine Frage, die wir uns regelmäßig stellen sollten.

Wir säubern regelmäßig unsere Schränke, räumen sie auf – genauso häufig und selbstverständlich müssen wir auch unsere Beziehungen aufräumen. Wenn es um unseren Schrank geht, finden wir es selbstverständlich, alte Klamotten und Sachen einfach wegzuwerfen, die nur eine Belastung bedeuten und neuen, frischen, lustvollen Dingen den Platz rauben.

Da sehen wir klar: Fort mit dem alten Gerümpel, um den Dingen, die wir jetzt und heute benötigen, Platz zu machen!

Wenn es um Menschen geht, sind wir um einiges vorsichtiger und höflicher. Wir gestatten negativen Menschen, in unserem Leben zu bleiben, obwohl wir wissen, dass sie uns ständig unglücklich machen. Das können Freunde sein, Kollegen, Verwandte, ein Ehemann, eine Ehefrau, Kinder und Eltern.

Aber kein Gesetz besagt, dass wir Menschen ertragen müssen, nur weil wir es nicht wagen, ihnen zu sagen, sie sollten doch bitte verschwinden, oder weil sie mit uns verwandt sind.

In Liebesbeziehungen dagegen tun wir es immerzu. Da halten wir es oft sogar für unsere Pflicht, auszusprechen, dass wir nicht mehr verliebt sind – oder dass wir jemand anders getroffen haben.

Wenn wir überhaupt beabsichtigen, glücklicher zu werden, müssen wir die Menschen in unserem Umfeld sichten. Wir können zwar pausenlos beschließen, glücklich zu werden – doch was hilft das, wenn wir Menschen um uns haben, die absolut nicht zu uns passen und immer nur ein Hindernis bilden.

Entferne alle negativen Menschen aus deinem Leben, die dich kleiner machen und dir deine Freude, deine geistige Energie und deine zerbrechlichsten Hoffnungen stehlen. Die Menschen, die täglich deine Träume zertrümmern, auf deinem Herzen herumtrampeln und dein Lachen unterbrechen.

»Aber das geht doch nicht, man kann doch Menschen, die man vielleicht ein Leben lang gekannt hat, nicht so einfach rauswerfen«, werden viele einwenden.

Wie üblich bringen wir den Henkern des Lebens größeren Respekt entgegen als den Opfern. Und dabei sind wir oft selbst die Opfer.

Wirf sie nicht raus, wenn es zu problematisch oder zu angstbeladen ist. Behalte sie, wenn es absolut sein muss — aber verringere dann wenigstens ihre Macht. Gestehe ihnen keine so große Bedeutung mehr zu. Entmagnetisiere sie!

Sie stehlen Platz in deinem Gehirn, in deinem Herzen und in deinem Leben. Du kannst sie dir nicht länger leisten. Trotz allem geht es um dein eigenes Leben und um deine Zukunft.

Selbst Verwandte muss man ab und zu aussortieren. Wenn es sich um nahe Familienangehörige handelt, kann das recht mühsam werden und Schuldgefühle hervorrufen. Wir haben ja gelernt, dass Blut dicker ist als Wasser und dass man mit Eltern, Kindern, Schwestern, Brüdern und anderen Verwandten nicht brechen kann. Doch, das kann man, und das sollte man, wenn sie stets die Ursache für das eigene Unglück sind. Aber falls du dir allzu große Konflikte ersparen willst — vermeide einen Bruch und lass die Beziehung zu ihnen stattdessen auf Sparflamme laufen. Mach dir selbst klar, wie viel du erträgst, und lebe danach, um dich selbst zu schonen.

Man kann miteinander verkehren und höfliche Kontakte pflegen, ohne ständig negativ beeinflusst zu werden — wenn man vorher mit sich selbst ausgemacht hat, dass die anderen einem nichts mehr anhaben, dass sie einem nicht mehr wehtun können. Auf diese Art entmagnetisieren wir mental und geistig die Menschen, die zu belastend für uns geworden sind, Menschen, die wir mit einem mentalen Warnsignal versehen müssten.

Aber soll man denn tatsächlich aufgeben? Sollte man nicht lieber kämpfen und versuchen, die Schwierigkeiten durchzustehen? Muss man nicht seine mitmenschliche Pflicht erfüllen?

Selbstverständlich dürfen wir niemanden aufgeben, ohne immer wieder unser Bestes versucht zu haben. Aber meine Erfahrung hat mich gelehrt, dass viel zu viele Menschen sich viel zu lange viel zu sehr abmühen.

Wer alles tut und alles versucht – tut zu viel.

Eine Person, die dich immer nur unglücklich macht, kann nie eine wichtige Person sein!

MORGEN, DAS IST NUR EINE AUSREDE

*»Morgen… denken
wir, während wir ein
weiteres Mal vom
Sprungbrett der Träume
hinuntersteigen.«*

Wir alle warten auf die richtige Gelegenheit. Auf die richtige Gelegenheit, um unsere Pläne und Träume zu verwirklichen.

Auf die richtige Gelegenheit kann man nicht warten, hat jemand gesagt. Doch das glauben wir nicht. Im Gegenteil – die meisten sind leidenschaftlich davon überzeugt, dass die richtige Gelegenheit irgendwann kommt – irgendwann später.

Wir scheinen zu glauben, dass wir nur lange genug warten müssen, bis eines magischen Tages alles stimmt und wir dann endlich alle Träume und Pläne verwirklichen können.

Doch das sind nur Hirngespinste und Ausreden. Das, was du heute nicht machen kannst, wird dir auch morgen nicht besser gelingen, selbst wenn du es glaubst. Oder wie alle Schulkinder lernen: »Was du heute kannst besorgen, das verschiebe nicht auf morgen.«

Heute, das ist eine schimmernde Möglichkeit –
morgen ist nur eine Ausrede.

Die Frage ist, warum wir in diese konstruierten
Aufschiebeorgien voller Ausreden und Scheingründe
fliehen.

»Faulheit«, sagen die Moralisten. »Wer alles auf
morgen schiebt, ist faul und träge.«

Ich persönlich halte das Gegenteil für wahrscheinlich. Ich glaube, es sind oft übermäßig ehrgeizige Personen, die auf bessere Gelegenheiten warten. Das Ergebnis soll so perfekt wie möglich sein, und in diesem
Streben überfällt uns die Angst zu versagen und lässt
uns uns festfahren, wie gelähmt tatenlos dasitzen und
auf den nächsten Zug warten. Währenddessen fühlen
wir uns elend, wir werden von unserem schlechten Gewissen, Schuldgefühlen und dem Wissen um gebrochene Versprechen verzehrt.

Es ist leicht zu glauben, das Geplante werde besser,
wenn man abwartet. Man sammelt Kraft, nimmt An-
lauf und stellt sich aufs Sprungbrett – ohne jemals zu
springen.

Aber morgen… morgen wird der Wind perfekt
und das Wasser wärmer oder kälter sein, und wir werden den besten, einmaligsten Sprung unseres Lebens
ausführen, denken wir zuversichtlich – während wir
noch ein weiteres Mal alles aufschieben und vom
Sprungbrett der Träume hinabklettern.

Dort liegt das Wasser mit seiner verlockenden,
schimmernden Oberfläche – oder doch nicht?

Nein, plötzlich stehen wir da, zum Absprung bereit, nur um festzustellen, dass das Schwimmbecken leer ist. Irgendjemand hat das Wasser schon abgelassen. Wenn wir jetzt springen, bringen wir uns um.

Wir stehen da und frösteln im plötzlichen Herbstwind.

Morgen ist nur eine Ausrede ...

Du lehnst dich an eine Illusion. Du fällst.

AUCH TRÄUME HABEN EIN VERFALLSDATUM!

»Während wir
warten,
geschehen keine Wunder…«

Die Angst steuert unsere Zukunft. Oder tut sie das nicht?

Die Angst zu versagen. Die Angst vor einer schlechten Leistung.

Die Angst, nicht zu genügen, nicht unser Bestes zu geben oder geben zu können, lässt uns Nägel kauend in einem ewigen Wartezimmer sitzen – anstatt die Ärmel hochzukrempeln und jetzt, sofort zu tun, was nötig ist.

Wenn wir uns diese tief verwurzelte Angst vor dem Versagen eingestehen, können wir endlich der Wahrheit ins Auge schauen:

»Wenn ich mich ohnehin so sehr vor dem Scheitern fürchte, kann ich mein Vorhaben genauso gut jetzt gleich umsetzen – dann vermeide ich wenigstens den Albtraum des Aufschiebens.«

Während wir warten, geschehen keine Wunder. Eine Begabung wird nicht dadurch besser, dass die Zeit vergeht.

Die Angst steuert uns, und wir treten höflich zur

Seite – voller Furcht, uns ihre Macht über uns eingestehen zu müssen.

Ohne dass wir es merken, erstickt die Angst unsere Pläne, unsere Träume. Die Zeit wird zu unserem Feind – und der Zug ist nicht abgefahren, nein, die ganze Bahnlinie ist stillgelegt worden …

Wie lange willst du deine leuchtendsten Träume, deine kühnsten Pläne, deine stolzesten Ambitionen noch ersticken? Wann ist der richtige Moment, um Gas zu geben und das Leben zu gestalten, das du eigentlich erreichen wolltest? Das Leben deiner geheimsten Träume …

In unserer Gesellschaft haben die meisten Lebensmittel ein Verfallsdatum. Auch Träume haben ein Verfallsdatum …

Selbst der frischeste Traum wird sauer, schimmelt oder verabschiedet sich in den Ruhestand, ohne dass du es merkst.

Sortiere und sichte deine Träume. Knipse ihnen ein Verfallsdatum ins Ohr.

Denn auch Träume altern …

ATTACKIERE UND VERSTEHE DEINE ÄNGSTE!

»Wenn wir keine Kraft mehr haben,
etwas vorzutäuschen,
fertigen wir
eine Maske an
und legen sie über unser wahres Ich...«

»Hast du Angst?«, frage ich manchmal. Fast immer erhalte ich dieselbe Antwort:

»Ich und Angst? Nein, auf keinen Fall.«

Fast alle Befragten verleugnen schleunigst ihre Angst – ganz gleich, ob sie berechtigt wäre oder nicht.

Wir schämen uns davor, Angst zu haben. Eine starke, coole Person hat keine Angst, und daher sind wir irritiert, wenn jemand diese Frage überhaupt stellt.

Aber selbstverständlich haben wir Angst. Wir werden voller Angst geboren und sterben voller Angst. Der kleine Säugling schreit oder brüllt sich als Erstes in die Welt hinein, in der er sein Leben verbringen soll. Es erfüllt ihn mit Entsetzen, die Geborgenheit der mütterlichen Gebärmutter zu verlassen und plötzlich in das Unbekannte, in das harte Licht des Kreißsaals versetzt zu werden, umgeben von lauten, schrillen Geräuschen, neuen Gerüchen, redenden und schreienden

Menschen. Es ist kein Wunder, dass das kleine Neugeborene da aus Protest weint und nicht, um die Lungen in Gang zu setzen, wie die übliche medizinische Erklärung lautet.

Wir werden mit einer gesunden, primitiven Angst geboren, die noch aus der Steinzeit und jener prähistorischen Zeit stammt, als wir noch in Höhlen lebten und kaum begonnen hatten, aufrecht zu gehen. Damals war diese primitive Angst eine Grundvoraussetzung für das Überleben. Es war gut, dass die kleinen Kinder Angst hatten und losschrien, wenn es dunkel wurde oder ein Fremder sich der Höhle näherte.

Überall lauerten Gefahren, wilde Tiere, Kälte und Dunkelheit, die für ein kleines, schutzloses Kind leicht lebensbedrohlich werden konnten. Wenn heute ein Dreijähriger weint, weil es dunkel im Zimmer ist oder weil er davon überzeugt ist, dass Skelette und Monster unter seinem Bett liegen, gibt sich darin auch sein biologisches Erbe zu erkennen – eine vererbte Angst, die ihm im Rückenmark steckt und einst unser bester Leibwächter war.

Darum sollten wir die primitive Angst kleiner Kinder nie einfach mit bagatellisierenden Bemerkungen abfertigen, wie zum Beispiel:

»Unsinn! So ein bisschen Dunkelheit ist doch nicht gefährlich, und außerdem habe ich unterm Bett nachgeschaut, da ist überhaupt nichts. Jetzt machen wir das Licht aus, und du schläfst!«

Es wäre besser, wir würden diese primitive Angst

ernst nehmen und auf der Seite des Kindes bleiben – *gegen* die Gefahr. Das Kind sollte erfahren, dass es die Dunkelheit und die Gefahr gemeinsam mit dem Erwachsenen aus dem Zimmer verjagen kann.

Wenn das Kind sich unterstützt fühlt, weil seine Angst ernst genommen wird, kann es dieses Gefühl ausleben, auf natürliche Weise aus ihm herauswachsen – und sich trauen, dem Leben ohne unmotivierte Ängste entgegenzutreten.

Stattdessen tragen die meisten Menschen die Ängste der Kindheit mit in die Erwachsenenwelt hinein, und daraus entstehen oft ernsthafte Komplikationen. Was sollen wir mit all der aufgestauten Angst anfangen, die immer weniger in unsere moderne, digitalisierte Gesellschaft passt?

Die Natur scheint uns mit einer gewissen Portion Angst ausgestattet zu haben, die in uns steckt, ohne sinnvoll verwendet werden zu können. Wir erhalten die Signale der Angst, können aber nicht einfach hinausrennen und Eindringlinge, Raubtiere oder andere Bedrohungen erschlagen. Stattdessen wird unsere Furcht deformiert, und wir empfinden beispielsweise unerklärliche Ängste davor, den Bus, die U-Bahn, den Aufzug oder das Flugzeug zu benutzen, große Plätze zu überqueren oder in kleine Räume eingesperrt zu werden. All diese unerklärlichen Ängste werden teilweise als krankhaft abgestempelt und innerhalb der modernen Psychologie unter anderem als Panikangst bezeichnet.

Aber wenn wir unsere Gedanken wieder unseren

Vorfahren und den Höhlenmenschen zuwenden, ist es ganz natürlich und außerdem vernünftig, sich vor vielen dieser erschreckenden Dinge zu fürchten – auch vor dem, was Panikangst bei uns auslöst.

Wenn wir heute einen Höhlen- oder Steinzeitmenschen zum Leben erwecken könnten, würde dieser sich weigern, auch nur einen Fuß in ein Flugzeug oder einen Aufzug zu setzen. Er hätte Angst, und diese Angst würde ihn vor Risiken und Irrtümern bewahren. Also – bevor wir unsere Angst als krankhaft abstempeln, sollten wir uns öfter fragen, woher sie stammt – und sie damit als das erkennen, was sie in Wirklichkeit ist. Eine alte, primitive Angst, die uns eigentlich in bester Absicht warnen, aber nicht abschrecken will.

Angst, die nicht auf natürliche Weise nach außen kanalisiert wird, sucht sich andere, eher bizarre Wege.

Wir beginnen, uns vor Gefühlen zu fürchten, wir fürchten uns vor Nähe, wir fürchten uns vor Liebe. Wir tragen ständig einen Stein im Bauch mit uns herum, einen schmerzenden Stachel im Herzen, und sind ganz allgemein voller Angst.

Wir fürchten uns davor, enttäuscht zu werden, wir fürchten uns, Freundschaften einzugehen, wir fürchten uns vor der Zukunft, vor Krankheiten, vor dem Tod, vor finanziellen Schwierigkeiten, vor dem Alter, und schließlich fürchten wir uns auch davor – uns zu fürchten.

Was sollen wir mit all dieser aufgestauten Angst anfangen? Die meisten modernen Menschen glauben, die Lösung gefunden zu haben. Sie bluffen. Sie lächeln und tun so, als wäre alles in schönster Ordnung, während die Angst sie daran hindert, ein erfülltes, glückliches Leben zu führen. Diese Angst, die sich wie eine schwere dunkle Giftwolke über die hellsten Tage legt und selbst die glänzendsten Möglichkeiten, Liebe, Harmonie und Glück zu erreichen, verdunkelt.

Und wenn wir zu erschöpft sind, um weiter zu bluffen, fertigen wir eine Maske an, hinter der wir unser wahres Ich verstecken. Eine Maske, die unseren Mitmenschen weismachen soll, dass hier ein starker, stabiler, furchtloser Mensch steht.

»Ja, ich weiß, dass dies eine Maske ist, aber demnächst werde ich sie ablegen und mein wirkliches Gesicht zeigen, mein wahres Ich«, denken die meisten, während sie ihre Maske polieren.

Stattdessen könnten wir uns in einem Wechselspiel begegnen, einem Wechselspiel aus sowohl Mut und Sicherheit als auch Unsicherheit und Angst. Dieses Wechselspiel, das einen harmonischen, wahren und echten Menschen schafft.

Eines der wohltuendsten Gefühle besteht darin, Ängste zu teilen und über sie zu reden, sie einzugestehen und sie gemeinsam zu vertreiben.

Es gibt nichts, das ein Menschenleben so sehr verkrüppeln kann wie das Chaos unbearbeiteter Ängste.

Nichts ist so schmerzhaft, nichts hat so tragische Folgen wie die Begegnung zweier Masken, deren Lebenslügen gleichzeitig aufeinander prallen.

Reiß die Maske ab, bevor sie festwächst...

ANGST ESSEN SEELE AUF!

*»Alles, was uns
angetan wurde,
als wir Kinder waren,
lebt weiter…«*

Was sollen wir mit all unseren Ängsten anfangen?
Wir können sie ja nicht einfach aus dem Fenster werfen und so tun, als hätten sie nie existiert.

Ohne Angst sterben wir. Darum ist unsere Angst
zum Teil notwendig und nützlich. Sie warnt uns vor
wirklichen Gefahren.

Die Angst ist zweifelsohne der beste Wachdienst
des Lebens. Doch anstatt sich mit der nützlichen Angst
anzufreunden, werden allzu viele Menschen unnützen
Ängsten ausgeliefert, die sie ersticken und lähmen.

Angst essen Seele auf heißt einer der berühmtesten
Filme des meisterhaften Regisseurs Rainer Werner
Fassbinder. Niemand konnte so wie er die Angst des
Menschen vor Gefühlen und Glück und vor einem Le-
ben frei vom Schattentanz der Furcht schildern.

Es stimmt, die Angst isst die Seele auf – manchmal
auch den Körper und das ganze Dasein. Daher ist es
wichtig, Ängste zu rationieren, sich mit ihnen auseinander zu setzen und sich zu fragen, wofür sie stehen. Wir

sortieren ganz einfach unsere unnötigen Ängste aus und behalten jene, die wir zum Überleben brauchen.

Allerdings haben sich gewisse Ängste so sehr festgesetzt, mit so kompliziertem Hintergrund und so verworrenen Wurzeln, dass uns nur Psychologen oder Ärzte bei der Klärung der Situation helfen können.

Es gibt ausgezeichnete professionelle Hilfe, die wir lieber in Anspruch nehmen sollten, als der Angst zu gestatten, unsere Seele und unser Leben aufzuessen.

Beinahe alle Ängste stammen aus der Kindheit, und wir waren alle einmal Kinder. Wenn wir dann später älter werden und uns selbst für erwachsen halten, glauben wir allzu gern, durch und durch erwachsen zu sein. Wir vergessen, dass das Kind, das wir einst waren, auf die eine oder andere Art immer in uns weiterlebt – sowohl im Positiven als auch im Negativen. Das Kind in unserem Innern bewirkt, dass wir emotional lebendig und beweglich bleiben, das ist das Positive.

»Er hat sich sein kindliches Gemüt bewahrt«, sagen wir von manchen Menschen, die bis ins Alter begeisterungsfähig, lebhaft und neugierig bleiben.

Aber Kinder sind nicht immer nur fröhlich. Kinder sind auch dickköpfig, widerspenstig, schwierig, dominant und – voller Angst!

Wenn das Kind in uns Angst empfindet, glauben wir, das erwachsene Ich fürchte sich. Das Kind und der Erwachsene verschmelzen – teilen ein und dasselbe Gefühl.

Man kann diese Situation auch als unkompliziertes

Rollenspiel betrachten. Du als Erwachsener bist der Senior – aber es gibt auch eine Version deines Selbst, das nie älter wird als fünf Jahre: Das ist der Junior.

Wenn Furcht und Angst in dir toben, Senior, musst du ab und zu mit dem Junior verhandeln.

Man kann das Ganze auch als ein kindliches Bild betrachten. Du – der Erwachsene – bist so etwas wie ein Känguru. Groß, stattlich, furchtlos – voller Vernunft, Schnelligkeit und Erfahrung. Aber in diesem Hautbeutel an deinem Bauch liegt eine kleine, zitternde Miniversion deines Selbst, das sich fragt, warum die Welt so riesig und gefährlich ist.

Dann muss das große Känguru seinen langen Hals nach unten beugen und mit diesem kleinen Wesen sprechen, das von nichts eine Ahnung hat. Muss es beruhigen, es umarmen und ihm die Situation erklären. Muss sein Mini-Ich voller Liebe, Zärtlichkeit und Verständnis anschauen. Genauso klein, ängstlich und verloren war ich ja selbst bis vor kurzem!

Es ist nie zu spät für eine glückliche Kindheit… Eine Wahrheit, die man nicht oft genug wiederholen kann.

Alles, was uns angetan wurde, als wir Kinder waren, lebt weiter; vor allem das, was uns verletzt hat.

Doch wenn du es wagst, das Kind, das du ehemals warst, hervorzuholen, es zu streicheln, ihm alles zu erklären und es danach wieder in seinen kleinen Beutel zurückzustecken – dann muss die Vergangenheit nicht zur Last werden.

Wenn wir es schaffen, dem Kind im Erwachsenen zu begegnen, haben wir die Möglichkeit, die meisten inneren Konflikte zu lösen, anstatt ihnen voller Verzweiflung und Resignation ausgeliefert zu sein. Die eigentliche Gefahr besteht nicht in der Angst an sich, sondern in all dem, was wir benötigen, um diese Angst zu verbergen und zunichte zu machen.

Viel Missbrauch von Alkohol und Drogen wurzelt in dem Versuch, Ängste, Schüchternheit, Unsicherheit und Furcht zu betäuben.

Aber wenn wir es wagen würden, dem missverstandenen, abgelehnten Kind in unserem Innern zu begegnen, gäbe es nichts, was wir betäuben müssten. Und wer kann das Kind, das du einmal warst, besser trösten als du selbst?

Sieh das Kind in deinem Innern an, hab es lieb, respektiere es, tröste es. Liebe es. Begreife, dass es dir täglich etwas mitzuteilen hat. Dass es dir etwas Spannendes erzählen und dich an die Wahrheit über dich selbst erinnern kann.

Verhandle mit dem Kind in deinem Innern, versuche nicht, so zu tun, als würde es nicht existieren. Wer ernsthaft erwachsen ist, wagt es auch, Kind zu sein – mit vollem Ernst.

Angst essen Seele auf!

HÖR AUF, DIR SELBST ETWAS VORZULÜGEN!

*»Wenn es etwas gibt,
das du dir nicht zutraust,
musst du es sofort anpacken...«*

Bist du der Ansicht, dass dein Leben festgefahren ist? Dass alles still steht und du selbst immer tiefer im trügerischen Treibsand des Daseins versinkst? Dass es nicht vorwärts geht und nichts so wird, wie du es dir vorgestellt hast?

Du beginnst erst zu strampeln, wenn es zu spät ist, und du merkst schnell, dass du mit jedem Versuch nur tiefer sinkst.

Du erstickst in Kompromissen und »stattdessen«... Es wird allmählich zur Gewohnheit, dass du dich mit dem Nächstbesten begnügst, anstatt das zu beanspruchen, was du eigentlich wert bist.

Wenn du dich im Spiegel anschaust, fällt es dir schwer zu verstehen, dass dies wirklich du bist. Was ist eigentlich passiert, und wie konnte es so weit kommen? Warum hat die Zeit dich überholt?

Sie hat dich nicht überholt – es sieht nur so aus. Die Zeit täuscht uns immerzu, und wir müssen einsehen, dass sogar eine Uhr, die stehen geblieben ist, automatisch die richtige Zeit anzeigt, wenn die still stehenden Zeiger mit der korrekten Zeit zusammenfallen.

Die Wahrheit kann mitunter relativ sein. Allerdings können wir stehen gebliebene Uhren immer wieder in Gang setzen und damit ein neues Gleichgewicht und eine neue Möglichkeit schaffen.

Bist du der Ansicht, dass dein Leben festgefahren ist?

Du denkst an all das, was du immer noch nicht getan, noch nicht einmal in Angriff genommen hast. An all das Ungetane, das wie ein Stapel ungelesener Bücher auf dem Nachttisch liegt.

Du bist an einem Punkt angelangt, an dem nicht einmal du selbst daran glaubst, all deine Träume zu verwirklichen – all die Träume, die dein Leben hätten bilden sollen, dein wirkliches Leben!

Es heißt:

»Wenn es etwas gibt, das du dir nicht zutraust, musst du es sofort anpacken!«

Das ist ein guter Rat – für tatkräftige Leute. Für alle anderen beinhaltet er neue Schranken, neue Ängste, neue Zweifel. Und dennoch möchte ich diesen Rat wiederholen. Er zwingt uns nämlich zu einer gewissen Auseinandersetzung. Zur Auseinandersetzung mit der Zeit und uns selbst.

Ganz gleich, welche verlockenden Ziele du dir in deinem Leben gerade gesteckt hast, du musst dich fragen, wie lange du dir selbst etwas vorgemacht hast. Wie lange du es zugelassen hast, dass Millionen trivialer Umstände sich zwischen dich und jene ferne goldene Ziellinie geschoben haben. Dort hinten, wo der Himmel heller ist und die Sonne heiß und golden scheint. Wenn ich nur ...

Das kann alles Mögliche sein. Wir alle überleben mit unterschiedlichen Träumen. Wir träumen davon, endlich die Stelle zu wechseln, nach Australien zu reisen, ein Kind zu bekommen, noch ein Kind zu bekommen, mit dem Joggen anzufangen, abzunehmen und so das Übergewicht loszuwerden, das so vieles verhindert, ein Buch zu schreiben, eine CD aufzunehmen, umzuziehen, einen neuen Mann, eine neue Frau zu finden ...

Wenn du einmal beschlossen hast, dass dies dein höchster Wunsch ist – dass dies dich glücklicher und zu einem rundum besseren Menschen machen würde –, dann bist du es auch wert. Dann musst du dir deine Träume erfüllen.

Aber wer schafft es schon, an Träume zu denken, wenn das ganze Leben festgefahren ist? Pack dich selbst am Kragen, und rüttle dich ordentlich durch – schockiere dich selbst. Versprich weder Buße noch Besserung – das macht die Enttäuschung nur noch größer. Sag dir lieber: Ich werde meine Träume und meine ersehnten Ziele NIEMALS verwirklichen. Ich werde all das, was mich vermutlich glücklich machen würde, NIEMALS tun. Ich habe alle Hoffnung aufgegeben, ich fasele nur daher, ich mache mir etwas vor – mir selbst und anderen ...

Hoppla! Das klingt aber nicht besonders nett. Und war es nicht außerdem sehr negativ?

Keine Angst – das hier ist nur eine Übung, ein mentales Experiment, dem du dich ab und zu aussetzen musst. Erst wenn du deine Zukunft und deine Pläne bis auf den Grund herunterziehst, kannst du ihnen neues Leben einhauchen und endlich all deinen Widerstand aufgeben.

Lüg dir nichts mehr vor. Sag dir, dass es nie geschehen wird – dann wirst du einsehen, was du verpassen wirst. Sag es immer wieder, wenn du merkst, dass die Zeit nur verstreicht, ohne dass etwas geschieht.

Sag dir, dass nie etwas aus deinen Plänen werden wird. Sag es dir, damit du aufwachst – und damit du nur der Zeit etwas vorlügst und nicht dir selbst.

ES IST EIN WAGNIS, LOSZULASSEN

»Es soll uns gelingen,
voller Freude zu leben
und glücklich zu werden,
das ist das Ziel...«

Die Achtzigerjahre in New York und den USA. Im Fernsehen läuft noch *Dallas* im Original, die Wirtschaft boomt, die Wall Street blüht, und das ganze Land wird von einer neuen Therapiewelle überzogen. Ihr Name ist Letting Go (Loslassen) und wird unter ihren Anhängern zu einem großen Erfolg. Die Botschaft ist klar und direkt – manchmal müssen wir einfach loslassen, um weitergehen zu können.

Vor allem wenn ein Schmerz oder Verlust uns so sehr erstickt, dass wir ein Weiterleben kaum für möglich halten.

»Letting Go!«, hallten die Mahnungen, und gleichzeitig erschienen reihenweise Bücher, die ihre Leser ebenfalls aufforderten, alles Mögliche loszulassen – von übertriebenem Leistungsdenken bis zu Ängsten, Zwangsvorstellungen, Trauer und Albträumen.

Die Botschaft enthielt viel Gutes – wurde aber oft allzu forsch präsentiert, als dass sie den Menschen ernsthaft hätte ermöglichen können, schwere und morsche Vertäuungen in ihrer verwundeten Seele zu kappen.

Es gab eine Ausnahme, einen anspruchsvollen, seriösen Film mit ebendiesem Titel *Letting Go*, der keine fertig gemixte Patentlösung des Themas zu bieten versuchte.

Ich sah den Film damals in New York mitten in dieser rauschenden, expansiven, glitzernden Zeit der Achtzigerjahre und erinnere mich immer noch daran.

Der Film wurde in Schweden leider nie gezeigt, doch ich sehe die Bilder und die darin enthaltene Botschaft noch deutlich vor mir.

Es ist möglich, den vielleicht größten und tiefsten Schmerz des Lebens zu überwinden – wenn man es wagt, loszulassen!

Der Film, ein Doku-Drama, handelt von ein paar Menschen in einer kleinen Therapiegruppe mit starkem Zusammenhalt. Diese Gruppe wird von einem liebevollen, erfahrenen Psychotherapeuten geleitet, der versucht, den Teilnehmern dabei zu helfen, einen der grausamsten Schicksalsschläge zu verarbeiten – den, vom geliebten Partner verlassen zu werden.

Der Schmerz ist zwar jedes Mal gleich heftig – doch die meisten erheben sich trotz allem irgendwann wieder und bürsten sich den Staub ab, während die Tränen trocknen und das Herz aufhört zu bluten. Nach einer Weile können sie mit resigniertem Lächeln auf die Tragödie zurückblicken und treffen auch einen neuen Partner.

Aber das ist nicht immer so – und nicht bei allen. Unsere Kraft ist unterschiedlich groß, unsere Verletzbarkeit auch. Manche sind stark genug und können es verkraften, vom geliebten Menschen verlassen zu werden. Dank ihrer inneren Sicherheit und ihres ungebrochenen Selbstwertgefühls können sie mit dem Partner, der aufbrechen will, befreundet bleiben – bis sie selbst auch eine neue Liebe gefunden haben.

Für andere dagegen bricht alles zusammen, und ihr Leben verliert seinen Sinn, wenn der Mensch, den sie am meisten auf der Welt lieben, Schluss machen und aus ihrem Leben verschwinden will.

Natürlich hängt das auch davon ab, wie stark die Liebe zum Zeitpunkt der Trennung ist. Je stärker die Liebe, desto schwerer fällt es, gehen zu müssen, akzeptieren zu müssen, dass die Liebe für den anderen nicht tragfähig genug war.

Zurück zum Film und nach New York.

Die Gruppe im Film wendet eine Therapie an, die »Open Bleeding« genannt wird – offenes Bluten. Die Teilnehmer treffen sich dreimal in der Woche, und allen gemeinsam ist ein einziges großes, verheerendes Gefühl – sie sind von der Person verlassen worden, die sie am meisten lieben. Oder diese geliebte Person ist plötzlich und unerwartet gestorben.

»Weint euch aus, und lasst alle Wunden bluten. Wir teilen dies miteinander. Wir stützen einander. Unser Ziel ist es, genügend Kraft zu finden, um weiterzuleben und glücklich zu werden – trotz unserer Trauer und unseres Schmerzes.«

Der Psychologe, der die Gruppe leitet, agiert sowohl behutsam als auch zupackend und entschlossen. Er spricht vom Loslassen. Er spricht von einem Kampf, der in Besessenheit, seelische Verkrampfung und zwanghafte Fixierung übergegangen ist.

Die Hauptpersonen des Films sind Kate und Alex, zwei Menschen, die es trotz ihrer Jugend, ihres Erfolgs und ihrer Intelligenz kaum noch schaffen, ihrer Arbeit nachzugehen, weil der Schmerz und die Sehnsucht »so verdammt wehtun und alle Energie stehlen«.

Kate, die verarbeiten und akzeptieren muss, dass ihr Mann eines Tages nach Hause kam und ihr mitteilte, er habe sich besinnungslos in eine andere Frau verliebt.

»Ich kann doch nichts für meine Gefühle«, sagte er zu Kate, die ebenfalls nichts für ihre Gefühle konnte und daher einen totalen Zusammenbruch erlitt.

Oder Alex, der mit einer ganz anderen Art des Verlassenwerdens zu kämpfen hat – der schwersten überhaupt. Seine junge Frau ist bei einem Flugzeugabsturz ums Leben gekommen, und Alex ist mit dem kleinen Sohn allein zurückgeblieben.

Der Psychologe zieht die Zügel an und beginnt, Forderungen zu stellen. Alle Teilnehmer der Gruppe müssen diejenigen loslassen, die ihr Herz zerfetzt haben, und sich eine Pause von ihnen gönnen – für eine gewisse Zeit. Genau genommen drei Monate.

Die Gruppe ist geschockt – drei Monate! Drei lange Monate?

»Ja, drei Monate«, wiederholt der Psychologe, der jeglichen Kontakt mit dem Partner, den sie nicht aufzugeben vermögen, untersagt. Keine Telefongespräche, keine Briefe, keine Besuche. Nur Schweigen und Flaute – drei Monate lang. Und dies gilt auch für die Gegenüber – die ihre Partner verlassen haben. Auch sie dürfen keinen Kontakt aufnehmen. Der Psychologe fordert die Teilnehmer auf, die Personen anzurufen, die sie nicht vergessen können, und ihnen exakt das mitzuteilen:

»Wie du weißt, fällt es mir schwer, dich zu vergessen und über dich hinwegzukommen, daher habe ich beschlossen, drei Monate lang überhaupt keinen Kontakt mit dir zu haben. Du darfst mich auch nicht kontaktieren. Wenn diese Zeit um ist, möchte ich dich treffen und mit dir frühstücken – sonst nichts – und mich mit dir unterhalten. Ich hoffe, du respektierst meinen Entschluss.«

Alle Teilnehmer rufen ihre früheren Partner an und übermitteln ihnen diese Nachricht. In einer ergreifenden Szene geht Alex zum Grab seiner jungen Frau und erzählt ihr, warum er das Grab drei Monate lang nicht besuchen wird. Er muss seine Trauer loslassen.

Ganz gleich, ob es uns schwer fällt, einen Liebespartner oder eine andere Beziehung loszulassen – eine Unterbrechung von drei Monaten kann eine fast magische Wirkung auf die Gefühle beider Seiten haben.

Die Zeit heilt alle Wunden, und die akute Blutung wird gestillt. Unsere Bindung an eine bestimmte Person kommt zur Ruhe, und viele entdecken dann, dass es sich vielleicht eher um eine Fixierung handelte als um die große Liebe. Unsterbliche Liebe wird leicht mit Verlassenheit verwechselt. Vielen fällt es außerdem schwer, derjenige zu sein, mit dem »Schluss gemacht wird«, statt selbst »Schluss zu machen«.

Wenn es einem wirklich gelingt, sich drei Monate lang still und ruhig zu verhalten, stellen sich die Antworten oft von allein ein, und man braucht sich nicht mehr mit Telefonterror, täglichen E-Mails und entnervenden Nachrichten auf dem Anrufbeantworter des ablehnenden Expartners zu beschäftigen.

Auch der andere erhält so die Möglichkeit, eventuell Sehnsucht zu empfinden – falls dieses Gefühl nicht schon durch zu viel Aufmerksamkeit erstickt worden ist.

Ein Treffen nach dreimonatigem Schweigen kann dann so werden, als würde man sich zum ersten Mal begegnen. Es ist wichtig, dass das Treffen bei einem Frühstück stattfindet und nicht bei einem romantischen Dinner mit Kerzen und »unserer Musik«. Ein Frühstück ist neutral und frei von romantischen Fallstricken.

Der Mut loszulassen betrifft nicht nur den Liebespartner, den wir lieben und zurückhaben wollen. Es kann auch nötig sein, unsere Kinder loszulassen, unsere Geschwister, Verwandten und andere uns nahe stehenden Personen. Ja, auch wenn es um Ideen, Hobbys, Ausbildungspläne, unrealistische Träume und festgefahrene Vorstellungen bezüglich unseres Aussehens geht, müssen wir manchmal loslassen.

Natürlich soll man erst aufgeben, wenn man alles versucht hat. Aber wenn eine Idee oder ein Gedanke alles andere im Leben blockiert und zu keinem positiven Ergebnis führt, dann ist es an der Zeit, loszulassen, um Sinnvolleres in Angriff zu nehmen. Lass los – vor allem dann, wenn es besonders schmerzt.

BEVOR DIE LEIDENSCHAFT
ERLISCHT UND ERKALTET

*»Sieh den ganzen Menschen
und nicht nur die
körperlichen Signale,
die rot oder grün blinken...«*

Fast alle erwachsenen Menschen träumen von einer großen Leidenschaft. Wenigstens einmal im Leben soll es so sein wie in den alten Filmklassikern. Ein unglaublich attraktiver Mann oder eine umwerfende Frau schlagen wie eine explosive Bombe in unser Liebesleben ein, mit der Wirkung eines rasenden Präriebrandes. Betroffene Frauen beschreiben es oft so oder ähnlich:

»Er stand nur da und sah mich an, und ich wusste, dass mein Leben von diesem Augenblick an nie mehr so sein würde wie vorher. Wir vergaßen Zeit und Raum und alle Menschen um uns herum. Wir hatten nur noch Augen füreinander. Es war Magie!«

Der betroffene Mann formuliert es ungefähr so:

»Sie kam auf mich zu, und nach zehn Sekunden wusste ich, dass ich sie und sonst keine haben musste. Sie kam allein am Strand entlang, das Salzwasser glitzerte auf ihrem braun gebrannten Körper. Wie verhext ging ich ihr entgegen… nichts konnte mich aufhalten…«

Menschen, welche die große Leidenschaft erlebt haben, fühlen sich wie verzaubert, wie in einen magischen Kreis hineingezogen. Endlich ein Gefühl, das größer ist als das Leben! Wer wollte da nicht fallen und hineingezogen werden? Wenn die Leidenschaft uns heimsucht, fallen wir im Allgemeinen wie überreife Pflaumen und pfeifen auf sämtliche vernünftige Überlegungen. Wer will schon auf gute Ratschläge hören, wenn die große, verzehrende Leidenschaft einen schon erwischt hat?

»Das ist wie eine Krankheit, eine wundervolle Krankheit. Man wird vom Fieber der Leidenschaft verzehrt und wünscht sich nur, dass dieses Fieber steigt und steigt, bis man vor Glück explodiert«, hat jemand dieses Gefühl einmal beschrieben.

Die Leidenschaft kommt oft ohne Vorwarnung und schlägt dann mit einer Kraft zu, die selbst den friedlichsten Ochsen auf Trab bringen kann.

Die meisten Leidenschaften entstehen seltsamerweise zwischen Fremden. Menschen begegnen sich in einem völlig unerwarteten, ungeplanten Kontext. Oft wird man einander nicht einmal vorgestellt. Man steht einfach irgendwo in einem Menschenmeer und sieht ausgerechnet diesen einen wunderbaren unbekannten Mann – oder diese fantastische fremde Frau.

Ziemlich oft entsteht die Leidenschaft zwischen Menschen, die bereits mit einer ganz anderen Person verheiratet oder liiert sind. Das pflegt die Kraft der Leidenschaft nicht zu dämpfen. Im Gegenteil. Das Verbotene wirkt oft wie eine Zündflüssigkeit und verwandelt die Glut in meterhohe Flammen.

Das Verbotene trägt auch dazu bei, dass die Beteiligten sich als Teil eines geheimen, mystischen Paktes fühlen – in dem die gegenseitige Leidenschaft die eigentliche Triebfeder, das Verbindende bildet.

Oft entflammen Menschen füreinander, die aus ganz verschiedenen sozialen Schichten stammen oder die ein großer Altersunterschied trennt. Dies dient dann als zusätzliche Zündflüssigkeit. Die Leidenschaft trägt uns über alle Hindernisse und Abgründe. Die Leidenschaft lässt uns alle Unterschiede überwinden – zumindest glauben und hoffen wir das, solange die rasende Leidenschaft andauert.

An den großen klassischen Leidenschaften aus Film oder Literatur fällt auf, dass die Liebenden einander am Ende praktisch nie »bekommen«. Wir dürfen die leidenschaftlichen Paare nie in ein zukünftiges häusliches Glück begleiten, angefüllt mit Kindern, Staubsaugen, Kindergarten und Waschmaschinenproblemen.

Romeo und Julia, *Vom Winde verweht*, *Anna Karenina*, *La Traviata* und andere – alle enden mit Hoffnungslosigkeit und tragischem Tod! Die Leidenschaft wird als so übermächtig und verzehrend geschildert, dass das betroffene Paar einfach nicht in ein normales glückliches Dasein mit Reihenhaus und Mikrowelle weitergehen »kann«.

Romeo und Julia sterben nach einem tragischen Irrtum. Scarlett O'Hara entdeckt zu spät, dass Rhett Butler eigentlich ihre große Liebe ist, und er verlässt sie mit einem der berühmtesten Sätze der Filmgeschichte:

»Frankly, my dear – I don't give a damn...«

Anna Karenina, die hinreißende, begehrte Schönheit, wirft sich in einer funkelnden Winternacht vor einen Zug, während ihr junger Liebhaber Graf Wronskij einen Zusammenbruch erleidet.

Brennende Leidenschaft – wie oft hat sie den Tod oder Tragödien wie Konkurse, Depressionen, Selbstmorde und zahllose unschuldig gebrochene Herzen zur Folge.

Der Mann und die Frau, die sich mitten in der Leidenschaft befinden, sind häufig so sehr von ihren Gefühlen berauscht, dass sie keinen Gedanken an die Familie verschwenden, an Ehemann oder Ehefrau und Kinder, obwohl gerade diese es sind, die immer wieder die Scherben zusammenfegen und die Rechnung bezahlen müssen.

Und dennoch sehnen wir uns alle nach der großen Leidenschaft, der großen Lust und der erotischen Herausforderung.

Das Dumme ist nur, dass die Leidenschaft – wie jeder andere Rausch – ein Erwachen und einen bitteren Kater mit sich bringt.

Als ich einen der größten Schauspieler und Verführer unserer Zeit, Richard Burton, während seiner Filmaufnahmen in Rom interviewte, sagte er:

»Es gibt nichts Schlimmeres, als aus einer großen Leidenschaft zu erwachen und zu entdecken, dass man einer Frau gegenübersitzt, mit der man weder etwas gemeinsam hat noch etwas, über das man reden kann. Man sitzt einer Fremden gegenüber und kann sich nicht erklären, warum sie bis vor kurzem die Antwort auf alle Fragen war. Leidenschaft, die plötzlich erlischt und ohne Vorwarnung erkaltet, ist grausam und brutal.«

Mitunter erlischt und stirbt die Leidenschaft, bevor die Partner heiraten konnten – aber für jene, die bereits den Weg zum Traualtar gegangen sind, birgt der Alltag des Zusammenlebens oft belastende, negative Überraschungen. Die leidenschaftlich Liebenden kennen einander nicht als Menschen, sondern vor allem als Sex- und Liebespartner, und für eine Ehe und eine gemeinsame Zukunft ist das kein besonders tragfähiger Boden. Oder wie ein Zyniker es einmal ausgedrückt hat:

»Das Bett ist trotz allem der Platz, in dem ein verheiratetes Paar die wenigste Zeit miteinander verbringen wird ...«

Dennoch scheint die Leidenschaft – bewusst oder unbewusst – unsere Partnerwahl zu steuern. Wir sprechen davon, dass es »gefunkt« oder »nicht gefunkt« hat, und wenn es nicht gefunkt hat, lässt man den Betreffenden meistens fallen – anstatt einem sympathischen, echten und vielleicht unschätzbaren Menschen eine Chance zu geben.

Eine Menge glücklicher Ehen wird aus folgendem Grund nie geschlossen: Wenn der richtige Mann und die richtige Frau einander durch Zufall begegnen, stehen beide sich höflich lächelnd gegenüber – während Gehirn und Hormone eine feuerrote Warnung senden:

»Bei mir funkt es nicht, bei mir funkt es nicht, bei mir funkt es *absolut* nicht ...«

Natürlich ist es eine feine Sache, wenn es funkt, wenn es einfach klick macht, peng, und dann so schnell wie möglich raus aus den Klamotten. Das Ganze hat nur einen kleinen Haken: Die Liebe ist listig und unberechenbar. Es funkt nicht immer direkt, wenn wir auf die Personen treffen, die uns ein glückliches Leben und eine harmonische Familie schenken könnten. Das Funken ist vor allem keine Garantie dafür, dass wir auch auf anderen Ebenen als im Bett zusammenpassen. Allerdings trägt unsere schnelle, gestresste, hektisch sexbetonte Zeit dazu bei, dass unsere grundlegenden Entscheidungen von sexuellen und äußerlichen Kriterien beeinflusst werden. Wir suchen oder heiraten eine Person, mit der es funkt und deren Körper und Aussehen am besten in unsere Zeit und zur jeweiligen Mode passen. Hinterher sitzen wir dann da und starren ein fremdes Wesen in unmodernen Jeans und unpassender Frisur an und fragen uns, was um alles in der Welt wir gedacht haben, als es zwischen uns funkte.

Vermutlich dachten wir gar nichts. Wir reagierten ausschließlich körperlich und bildeten uns ein, das sei genug.

Wenn du nächstes Mal einem Mann oder einer Frau gegenüberstehst und dir gelangweilt sagst, dass es zwischen euch nicht funkt, frage dich lieber, wie dieser Mensch ist; dann gib der Sache eine Chance, bevor du die Möglichkeiten allzu schnell verurteilst.

Sieh den ganzen Menschen und nicht nur die körperlich attraktiven Signale, die entweder grün oder rot blinken.

Man kann auch dem Leben eine Chance geben, man kann zuerst nachdenken und dann den Funken spüren – in umgekehrter Reihenfolge. Wenn es zuerst auf der menschlichen Ebene funkt, kommt der sexuelle Funke vielleicht hinterher – als Sahnehäubchen, als Extrabonus und als etwas, das langsam heranwächst. Sachte, aber sicher und immer leidenschaftlicher.

Leidenschaft – auf sicherem, verlässlichem Boden.

Das klingt langweilig – ist aber meistens beständig und haltbar. Manchmal hält es ein Leben lang.

WIR WOLLEN UNS SO VERLIEBEN WIE TEENAGER

*»Die Leidenschaft
schlägt nicht
immer beim
ersten Blick zu.«*

Wenn wir einem Mann oder einer Frau begegnen, wollen wir, dass es schnell geht. Es muss rasch und unmittelbar funken – sonst ist es mehr oder weniger uninteressant.

Vor dem kritischen Blick des Betrachters fallen nette Männer und Frauen um wie Kegel auf einer Kegelbahn.

Erwachsene Menschen mittleren Alters, ja sogar alte Leute lassen sich oft von fast den gleichen Auswahlkriterien leiten wie Jugendliche, die mit manchen Vertretern des anderen Geschlechts nicht einmal reden mögen, nur weil sie die falsche Frisur oder die falsche Kleidung haben, zu dick oder zu dünn sind. Und das ist auch ganz okay so – solange wir Teenager sind und es nicht besser wissen. Solange wir glauben, in der Welt würde es nur so wimmeln von perfekten Männern und Frauen, die auf uns warten. Solange wir glauben, wir könnten nach Belieben wählen und verwerfen.

Jeder hat sicher schon einmal ein missmutiges junges Mädchen erlebt, das von einem Rendezvous niedergeschlagen und enttäuscht nach Hause kommt, fest davon überzeugt, diesen hoffnungslosen Jungen nie wieder treffen zu wollen.

»Warum denn?«, erkundigt sich dann ein einfältiger Erwachsener und erhält darauf die selbstverständliche Antwort:

»Weil er so unmögliche Schuhe anhatte.« Oder: »Er war beim Friseur und sah total bescheuert aus.« Oder: »Er hatte ein grünes Hemd an. Ich kann doch unmöglich mit einem Typen ausgehen, der ein grünes Hemd anhat, ist doch wohl klar!«

Für die frühen Jugendjahre sind diese Auswahlkriterien ganz in Ordnung – aber normalerweise lassen wir sie mit zunehmendem Alter hinter uns.

Oder doch nicht? Sind wir im Innern vielleicht immer noch verwöhnte, unerfahrene Teenies, wenn wir einem neuen Mann, einer neuen Frau vorgestellt werden?

Jeder, der versucht hat, zwei Singles bei einem Essen oder Fest zusammenzubringen, weiß, wie oft ein solcher Versuch in Hoffnungslosigkeit und Enttäuschung endet. Undank ist der Welten Lohn, wenn es um derlei Versuche in Liebesdingen geht, und man fragt sich manchmal, wie kindisch Erwachsene werden können. Ich selbst versuchte, Lars und Jenny zu verkuppeln. Beide waren frisch geschieden, einsam und deprimiert und hatten Kinder im gleichen Alter. Das hätte ich nie tun oder versuchen sollen. Jenny trat mir während des ganzen Essens gegen das Schienbein und schnitt mir seltsame Grimassen. Lars richtete kein einziges Wort an sie, sondern unterhielt sich stattdessen im Laufe des Abends mit sämtlichen anderen anwesenden Damen.

Als der Abend zu Ende war, stürmten beide wie enttäuschte Teenager zu mir, um sich zu beklagen. Jenny machte ein Gesicht wie eine Dreizehnjährige und fauchte:

»Weißt du denn nicht, dass ich Männer mit schütterem Haar nicht ausstehen kann, und außerdem trug er eine rote Krawatte. Ich verabscheue Männer mit roten Krawatten ...«

Als Nächster beschwerte sich Lars, der seine Worte auch nicht auf die Goldwaage legte:

»Diese Art von umtriebigen Frauen hat mich noch nie interessiert, und außerdem fand ich sie langweilig.«

Resigniert versuchte ich beiden klar zu machen, dass ich bei der gegenseitigen Vorstellung von einer menschlichen Perspektive ausgegangen sei. Und dass ich nicht einen fertigen Liebhaber mit einer perfekten Geliebten zusammenführen wollte. Außerdem könne man sich sowohl mit einem Mann, der schüttere Haare und eine rote Krawatte habe, als auch mit einer umtriebigen Frau wundervoll amüsieren.

Doch genauso gut hätte ich dem jungen Mädchen erklären können, was für ein herzensguter Kerl der Junge sei, dem sie unmögliche Klamotten vorwarf.

Aber wenn wir die erste Jugendzeit hinter uns gelassen haben, müssen wir vorsichtiger werden und unsere himmelhohen Erwartungen loslassen. Man kann nicht endlos darauf hoffen, dass ein Traumprinz auf einem weißen Ross vorbeikommt und einen ins ewige Liebesreich des Glücks entführt.

An und für sich ist es nicht schlimm, wenn wir unsere Träume ab und zu mit diesen Fantasien wässern – Hauptsache, wir verwechseln sie nicht mit der Wirklichkeit und vergessen nicht, dass die Jahre schneller vergehen, als wir glauben. Während wir einen Liebeskandidaten nach dem andern abservieren, vergessen wir ganz, unser eigenes Bild im inneren sowie im äußeren Spiegel zu betrachten.

Wenn ein immer größerer Teil der Menschheit über zunehmende Einsamkeit und Isolierung klagt und über die Schwierigkeit, einen Lebenspartner zu finden, hat dies viel mit übertrieben hohen Erwartungen und verschwindend geringer Selbstkritik zu tun.

Wenn wir von Traumprinzen und Traumprinzessinnen träumen, dürfen wir nicht vergessen, uns zu fragen, was wir selbst anzubieten haben. Das Leben vergeht so schnell, und wir legen uns leicht alle möglichen Gewohnheiten zu, die für einen zukünftigen Partner vielleicht nicht besonders ansprechend sind. Im Laufe der Jahre bauen wir körperlich ab, ohne es zu registrieren und ohne etwas dagegen zu unternehmen. Wir haben keine Zeit, weil wir ja damit beschäftigt sind, eine Lebenslüge über uns selbst aufzupolieren: Das Leben sei stehen geblieben, wir würden noch so aussehen und sein wie auf dem letzten Klassenfoto und hätten daher das Recht, anderen Menschen gegenüber wie Teenager zu reagieren.

Dies bedeutet nicht, dass wir uns selbst schlecht machen sollen oder uns als nicht gut genug abstempeln. Nein, wenn wir den Mut haben, uns in dem äußeren und inneren Spiegel mit Liebe, Akzeptanz, humorvoller Selbstkritik und einem ordentlichen Augenzwinkern zu betrachten, dann sind wir gut genug, so wie wir sind.

Da ich selbst nicht perfekt bin und meine Macken habe, wäre es ja fürchterlich, wenn ich versuchen müsste, mich jemandem anzupassen, der immer in Topform und perfekt ist. Wie ermüdend und unrealistisch!

Außerdem sollten wir uns immer wieder daran erinnern, dass die Leidenschaft nicht immer beim ersten Blick zuschlägt. Wir müssen einer Beziehung Zeit lassen und ihr die Chance geben heranzureifen. Wenn wir beispielsweise von Freundschaft ausgehen anstelle von sofortiger Leidenschaft und aufflammenden Funken, steigen unsere Chancen ganz von allein. Freunde dürfen schließlich sowohl eine Glatze haben als auch dick, rothaarig, eigensinnig und schlampig sein und sogar vor dem Fernseher einschlafen. Freunde haben wir, weil wir sie mögen, und nicht, weil wir sie zu unerreichbaren Traumgestalten umformen wollen. Mit Freunden bauen wir Vertrauen und Geborgenheit auf.

Und aus normaler kameradschaftlicher Freundschaft können plötzlich sowohl Liebe als auch sexuelle Anziehungskraft und Leidenschaft sprießen – wenn man der Entwicklung Zeit und der menschlichen Begegnung den Vorrang vor der Lust lässt. Oder wie Linda es einmal ausdrückte:

»Als ich Peter kennen lernte, fand ich ihn nett, aber schrecklich langweilig! Bis ich dahinterkam, dass ich auch ziemlich langweilig bin, und das Ganze in einem neuen Licht sah. Als wir dann ein Paar wurden, sah ich ein, dass ich Geborgenheit mit Eintönigkeit verwechselt hatte. Inzwischen genieße ich die Geborgenheit, die er mir gibt, und sehe ein, dass ich endlich jemanden getroffen habe, auf den ich mich vollkommen verlassen kann. Wenn ich nicht umgedacht und meine Vernunft benutzt hätte, hätte ich ihn verpasst…«

Auf der Suche nach der Liebe ist es wichtig zu wissen, was wir haben wollen – aber genauso wichtig ist es zu wissen, was wir geben können. Was wir selbst anzubieten haben – bevor wir jemanden abtun, weil es nicht gefunkt hat.

Die Liebe braucht manchmal ihre Zeit, und viel mehr Menschen, als wir glauben, müssen sich zuerst sicher und geborgen fühlen, bevor sie sexuell entflammen und sich ihrer Leidenschaft hingeben können.

Auf Geborgenheit gegründete Leidenschaft – ein Geschenk, um das man nur beten kann…

LUTHER UND DAS SCHLECHTE GEWISSEN

> *»Warum siegt*
> *das Negative*
> *so oft*
> *über das Positive…?«*

Kaum etwas hat eine solche Kraft und Macht über uns wie etwas richtig Negatives. Wir können Stunden, Tage und Jahre positive Nachrichten hören und darüber mehr oder weniger die Schultern zucken. Dann kommt plötzlich eine richtig schwarze, schwere, negative Botschaft, woraufhin wir sofort munter werden und ganz Ohr sind.

Sofort stehen wir stramm und nicken zustimmend.

Komplimente, Liebeserklärungen oder höfliche Anreden bezweifeln wir meist sehr lange, bevor wir möglicherweise beschließen, sie für wahr zu halten.

Mit solchen Widerständen braucht die negative Botschaft nicht zu kämpfen. Nein, alle negativen Äußerungen kommen bequem auf den Wellen der Zustimmung angesurft, und das ständig schlechte Gewissen sorgt für stets gleich guten Rückenwind.

»Da ich tief im Innern weiß, dass ich eine unbrauchbare Null und ein großer Versager bin, sehe ich ein, dass man mir endlich auf die Schliche gekommen ist… Hilfe!«

Wenn jemand etwas eindeutig Negatives auf uns abfeuert, hat er das Spiel oft schnell gewonnen. Meistens zappeln wir nicht einmal, bevor wir ins Netz gehen, ja häufig bedanken wir uns sogar:

»Ich weiß es wirklich zu schätzen, dass du mir das gesagt hast, dass du mich das wissen lässt, dass du mir die Wahrheit sagst«, sagen wir oft zu der Person, die uns soeben einen Schlag in den Solarplexus verpasst hat.

Ich erinnere mich noch, wie ich selbst anfing, über die unerhörte Kraft und Treffsicherheit des Negativen nachzudenken. Damals arbeitete ich als junge Journalistin beim schwedischen Fernsehen und sah die großen Publikumslieblinge dasitzen und ihre tägliche Fanpost öffnen.

Beeindruckt und voll naiver Verwunderung sah ich all die großen Namen Berge und Stapel von handgeschriebenen Briefen öffnen.

Natürlich sahen sie glücklich und froh aus, als sie die vielen schönen Huldigungen ihrer Fans lasen – dennoch wurden ihre Gesichter von Zweifeln überschattet. Als würden sie selbst eigentlich nicht wagen, all diese Superlative zu glauben.

Eines Tages hatte ein bekannter Sänger, Film- und Fernsehstar ungefähr neunundneunzig Briefe voller Komplimente und Lobeshymnen gelesen, als *ein* – also ein einziger – negativer Brief aus den Stapeln hervorkroch. Da war es, als würde der große Mann mit seiner ganzen Ausstrahlung und seinem ganzen Charisma zu einem kleinen Häufchen auf dem Boden zusammensinken.

»Das ist ja entsetzlich!«, schrie er verzweifelt und fuchtelte mit dem Hassbrief in der Luft herum. Alle Farbe wich aus seinem Gesicht, und plötzlich sah er unglaublich klein und ängstlich aus. Voller Angst, er könnte seine Popularität, die Liebe und Gunst des Publikums verloren haben.

Da sagte eines der Skriptgirls ganz ruhig:

»Jetzt hör mal – das ist doch nur ein einziger negativer Brief –, warum freust du dich nicht über all die positiven?«

Ein negativer Brief – gegen neunundneunzig positive.

Warum siegt das Negative so oft über das Positive?

Haben wir nicht alle etwas von dem großen Fernsehstar, den ein negativer Schubs zum Zusammenbrechen bringt? Alles, was in unserem Dasein schön und hell ist und vielversprechende Möglichkeiten enthält, nehmen wir im pessimistischen Nebel nicht wahr.

In diesem Drama gibt es nicht nur einen Schurken – sondern mehrere: Das Gesetz, niemand solle sich besser fühlen als die anderen, lutherische Strenge, schlechtes Selbstvertrauen, extrem geringes Selbstwertgefühl und die ständig schlummernde Angst vor Enttäuschung und Kritik. Wir glauben auf der sicheren Seite zu sein, wenn wir das Negative ernst nehmen. Dann können wir nicht enttäuscht und getäuscht werden. Darum bedanken wir uns bei unseren Henkern, unseren Kritikern, darum krümmen wir den Rücken in demütigem Respekt vor jenen, die uns bespucken, uns lächerlich machen, unsere Energie stehlen, unsere Überzeugung und unsere Lebensfreude.

Und zurückzuschlagen, das wagen wir auch nicht. O nein, wir halten sowohl die andere Wange als auch unser ganzes Herz hin.

»Schlag mich noch mehr, noch heftiger! Ich bin bereit. Ich weiß, dass ich es verdiene. Ich bin wertlos, und es ist richtig, dass du mich deshalb strafst …«

Nein, halt – das ist doch gewiss übertrieben. So hast du dich doch noch nie demütigen lassen? Alles hat seine Grenzen. Man ist schließlich kein Masochist.

Wirklich nicht? Sind wir nicht alle manchmal kleine Masochisten, indem wir unser Leben ständig von der terrorisierenden Kritik und Bewertung anderer Leute zu kümmerlichen Bröseln zermahlen lassen?

Eine Ursache liegt vielleicht darin, dass negative Menschen automatisch für sehr seriös gehalten werden. Den Frohnaturen dagegen misstrauen wir, wenn sie uns die Botschaft von Liebe, Sonnenschein und schimmernden Tagen bringen wollen. Den frohen und positiven Personen, die uns klar machen wollen, dass es hier auf der Welt immer noch Glück gibt. Dass wir sogar unbegrenzten Zugang zum Glück finden können, wenn wir nur wollen. Über diese freiwilligen Boten lachen wir gerne und fertigen sie als naiv, gutgläubig und etwas kindisch ab.

»Mich kannst du nicht täuschen, glaubst du, ich bin dumm?«

Wenn jemand uns kritisiert, sollten wir lieber nachfragen, worum es eigentlich geht, bevor wir einknicken und niedersinken.

Bei einem Essen wurde ich einmal Zeuge, wie ein Gast einen anderen heftig attackierte. Der Mann, über den sich ein ganzer Schwall kränkender Schmähungen ergoss, hörte in aller Ruhe zu, gestattete sich sogar ein kleines Lächeln und entgegnete völlig ungerührt:

»Ich höre, was du sagst – aber das ist deine Auffassung.«

»Nun, ich sage nur die Wahrheit ...«, erwiderte der Angreifer. Da antwortete der ältere, klügere Mann mit ein paar Worten, die ich nie vergessen werde:

»Du sagst die Wahrheit, so wie du sie auffasst. Aber das bedeutet ja nicht, dass du deshalb automatisch Recht hast ...«

Kluge, geschickte Worte eines Mannes, der wusste, dass jede Kritik geprüft und analysiert werden muss, bevor wir sie akzeptieren, sie schlucken und davon vergiftet und niedergemacht werden. Wenn wieder einmal jemand sagt, »wie es wirklich ist« – dann vergiss nicht, dass dies nicht automatisch die Wahrheit ist. Es ist nur eine Umschreibung für das, was jemand meint und findet. Die Wahrheit ist wie immer unverändert relativ.

Viele Menschen verlegen sich außerdem darauf, andere zu kritisieren, weil es ihnen selbst schlecht geht, weil sie unglücklich sind und sich ungeliebt fühlen und noch häufiger – weil sie neidisch sind. Nichts kann so grausame Kritik und so grobe Angriffe provozieren wie Neid. Es gibt nur selten Menschen, die sich über Glück und Erfolg ihrer Freunde freuen können und darin etwas Inspirierendes und Positives sehen wie zum Beispiel:

»Wenn ihm das passieren kann – kann es mir vielleicht auch passieren...«

Nein, die meisten empfinden die Erfolge ihrer Freunde, Kollegen und Verwandten als etwas zutiefst Ungerechtes – weil es ihnen selbst nicht vergönnt ist. So wird Neid geweckt, und man beginnt den Erfolgreichen zu kritisieren, anstatt die eigenen Ambitionen zu steigern und sich für den eigenen Erfolg ins Zeug zu legen.

Es ist schwierig, gegen Neid anzukommen. Er existiert überall und vermehrt sich mit epidemischer Geschwindigkeit. Die Neidischen vergessen auch immer sehr gern, dass hinter den Erfolgen, die sie so bitter beneiden, meistens harte Arbeit, Blut, Schweiß und Tränen liegen.

Wenn deine Freunde dich wieder einmal kritisieren und dich niedermachen – vergiss nicht zu analysieren, warum sie das tun. Denke an die vielen Varianten des Neids – das kann viele unnötige Tränen ersparen.

KRANKE SEELE –
KRANKER LEIB

*»Setz dich hin
und warte auf deine Seele...«*

Natürlich bist du krank war der ironische Titel eines Buches zum Thema Gesundheit. Die Botschaft war mehr oder weniger klar und richtete sich an Personen, die hinter einer Krankheit herjagen – an Hypochonder oder eingebildete Kranke.

Viele Menschen bilden sich ein, krank zu sein, obwohl sie eigentlich ganz gesund sind – und fast niemand will zugeben, sich jemals gewünscht zu haben, krank sein zu dürfen ...

Oft sind Menschen davon betroffen, die unter keinen Umständen krank werden wollen. Ihre Angst davor, krank zu werden, ist so groß, dass ebendiese Angst scheinbar authentische Symptome hervorruft; Symptome, die dazu führen, dass man bettlägerig wird und einen Arzt konsultieren muss.

Das Problem liegt darin, dass die Hypochonder selbst ihr Problem meistens nicht erkennen. Im Gegenteil, wenn man vorsichtig andeutet, ihre Krankheit sitze vielleicht eher in der Fantasie und in den Gedanken als im Körper, regen sie sich gewaltig auf. Außerdem leiden sie häufig fast genauso sehr, als hätten sie eine reale Krankheit. Sie haben echte Schmerzen, verlieren ihre Kraft und bekommen Schwindelanfälle, Herzklopfen und andere Gebrechen. Wenn der Arzt sie dann mit Untersuchungen und Tests überhäuft, die alle negativ ausfallen, lassen sie die Vorstellung von einer bestimmten Krankheit fallen – aber nur, um sich in die nächste zu stürzen.

Dennoch behaupten die meisten, sie strebten maximale Fitness und ein gutes, gesundes Leben an. Selten haben Gesundheit und Sportlichkeit so im Zentrum gestanden wie in den letzten Jahren.

Hätte jemand vor zwanzig, dreißig Jahren gesagt, es würde modern werden, mit dem Rauchen aufzuhören und anstelle von Hochprozentigem Möhrensaft und alkoholfreies Bier zu trinken, hätten die Ketten rauchenden, Wodka und Whisky kippenden Helden der Sechziger- und Siebzigerjahre sich an ihren Drinks verschluckt und ungläubig gelacht.

Wir leben immer gesünder, nehmen immer mehr Vitamine, Mineralstoffe und Kräuter zu uns, essen immer mehr Gemüse und mageres Fleisch, selbstverständlich möglichst naturbelassen. Wir treiben Sport, machen Gymnastik und gehen ins Fitnessstudio – und dennoch werden wir immer noch krank wie eh und je.

Gegen die meisten Krankheiten können wir nichts tun. Sie entstehen einfach, werfen sich über uns und kommen immer dann, wenn wir es am wenigsten voraussehen und absolut keine Zeit zum Krankwerden haben. Meistens ist es unser Körper, der erkrankt, unser Körper, der behandelt wird. Wir suchen Krankenhäuser und Ärzte auf, die sich plötzlich unserer Symptome und unserer Körper annehmen. Blut- und Urinproben werden genommen, wir werden geröntgt, man steckt medizinische Instrumente in unsere Körper, wir schlucken Kameras, Kontrastflüssigkeiten, unser Blut wird analysiert, nüchtern und mit vollem Magen, wir werden untersucht und durchleuchtet. Ein ganzes Labor ist damit beschäftigt, uns zu analysieren, und irgendwie tut es ganz gut, den Körper einer so gründlichen Untersuchung zu überlassen und zumindest diese Verantwortung los zu sein.

Und dennoch – inmitten all dieser Tests und hoch differenzierten Untersuchungen sitzt etwas, das SEELE genannt wird, und beobachtet unser Treiben mit großen Augen. Man stelle sich vor, die Seele könnte sprechen, könnte um Hilfe rufen und uns warnen:

»Hallo! Du brauchst nicht schon wieder eine Kamera zu schlucken. Mit deinem Magen ist alles in Ordnung. Ich bin es – die SEELE –, der es nicht gut geht. Hör mir eine Zeit lang zu, dann wird es dir gleich besser gehen.«

Setz dich hin, und warte auf deine Seele. Setz dich hin, und höre auf deine Seele. Die Seele, die es allzu oft so schwer hat, gehört, anerkannt und gesehen zu werden, dass sie sich schließlich nur noch durch den Körper Gehör verschaffen kann.

Die Ärzte haben für dieses Versteckspiel einen fein-
sinnigen Ausdruck. Sie sagen, wir würden unsere Probleme somatisieren. Das bedeutet im Klartext nichts
anderes, als dass wir ein seelisches Phänomen in ein
physisches Gebrechen umwandeln. Unser Körper wird
krank – obwohl es eigentlich die Seele ist, der es so
schlecht geht, dass sie diesen drastischen Umweg machen muss, um nicht zu explodieren oder unterzugehen.

Eine körperbezogene Gesellschaft wie die unsere
hat schon immer eher akzeptiert, dass man über kör-
perliche Probleme klagt – darüber zu sprechen, dass
die Seele wehtut, ist dagegen etwas suspekt.

Wir können fast jedem erzählen, dass wir Bauch-
schmerzen haben, dass uns der Kopf, der Rücken,
die Schultern, der Hals, die Nebenhöhlen wehtun –
aber wer wagt, ohne Umschweife einzugestehen, dass
das Leben seinen Sinn verloren hat? Dass wir nachts
schlecht schlafen, von Ängsten oder unglücklicher Liebe verzehrt werden oder vor Minderwertigkeitsgefüh-
len fast untergehen – oder dass alle Träume in tausend
misslungene Stücke zerbrochen sind?

Stattdessen lassen wir zu, dass der Körper die
Signale übernimmt, und wenn Doktor A nichts findet,
gehen wir zu Doktor B, der neue Proben nimmt und
neue Medikamente und Untersuchungen vorschlägt.

Wir vergessen die Seele und ihre verzweifelten Hil-
ferufe. Wir sagen uns: Ich bin ja schließlich krank. Ich
habe eine neue Identifikationsmöglichkeit gefunden.
Das Leben ist nicht so geworden, wie ich es mir vorge-

stellt hatte – aber jetzt gibt es eine Entschuldigung, ein Hindernis, gegen das niemand etwas einwenden kann. Ich bin krank. Man hat mich sogar krankgeschrieben. Die Ärzte sind der Meinung, mein Fall sei sehr ernst. Vielleicht kann ich nie wieder ein ganz normales Leben führen.

Und inmitten von alledem verstummt die Seele – von sämtlichen Symptomen des Körpers erstickt. Stattdessen beginnen wir lieber einen Dialog mit unserem Körper, während die Krankheit uns mehr und mehr in Anspruch nimmt. Wir glauben allmählich, dass wir keine andere Wahl haben. Dass Gesundheit und Wohlergehen eine Lotterie sind, in der wir eine ordentliche Niete gezogen haben.

Fragt sich nur, wie wir in diesem ganzen Durcheinander die Seele finden sollen. Die Seele, die nur daran erinnern wollte, dass ihr die Hetze, der Stress und das hysterische Tempo nicht besonders gefallen haben.

Dies soll natürlich nicht so missverstanden werden, als würde es sich gegen schwer kranke Menschen richten, auch wenn immer mehr Ärzte der Meinung sind, dass Körper und Seele einen Zusammenhang bilden – sogar bei einer banalen Erkältung. Es hilft allerdings auch nicht, ausschließlich eine gute, offene und gesunde Beziehung zur eigenen Seele und zu seinen Gefühlen zu haben. Der Körper ist listig und unberechenbar, und man wird nicht automatisch gesund, nur weil man mit seiner eigenen Seele gerungen hat.

Aber das Wissen um die Verflechtung von Körper

und Seele und ihr Streben, harmonisch und im Takt miteinander zu existieren, schenkt uns die Möglichkeit, den Weg der Selbstanalyse zu wählen. Wenn unser Körper schmerzt und wir immer wieder krank werden, sollten wir uns zumindest fragen, ob da ein Zusammenhang besteht und ob es nicht eigentlich die Seele und die Gefühle sind, die da ins Trudeln geraten sind und ihre Verwirrung und Angst in körperlichen Symptomen manifestieren.

Ulrika, Prokuristin einer Bank, war wegen schwerer allergischer Ekzeme ständig krankgeschrieben. Sie hatte nie Hautprobleme gehabt, erst auf ihrer Hochzeitsreise bekam sie einen schlimmen Ausschlag. Da sie die Flitterwochen in Griechenland verbrachte, gingen alle davon aus, dass sie auf das neue Klima und das dortige Essen allergisch reagierte.

Doch die Probleme gingen zu Hause in Schweden weiter, und Ulrikas Hautleiden wurde schließlich so gravierend, dass sie für längere Perioden krankgeschrieben werden musste. Nach zahllosen Allergietests klangen die Beschwerden ein einziges Mal ab, und das war seltsamerweise – ja, sie schämte sich fast, es den Ärzten zu berichten –, als ihr Mann verreist war. Die Ärzte hörten ihr zu und notierten es, aber keiner sah einen Zusammenhang. Sie verschrieben neue Cortisonsalben, neue juckreizmildernde Tabletten. Nach langjährigen Beschwerden kam sie zu einem Psychologen, der ihr zuerst zuhörte, um dann ruhig ihre Hand zu nehmen und zu sagen:

»Weinen Sie …«

»Aber ich will nicht weinen!«, stotterte Ulrika und sah den Psychologen fragend an.

»Nein, lieber lassen Sie täglich Ihre Haut weinen, aufplatzen und bluten …«

Da brach Ulrika endlich in Tränen aus, und sachte und vorsichtig begannen sie, sowohl ihre Kindheit als auch ihre Ehe zu entwirren. Da war der Ehemann, der, wie sie erst jetzt einsah, eigentlich eine mentale Kopie ihres Vaters war. Und der Ausschlag, der zu einer Barriere, zu einem Schutz geworden war. Die Angst vor dem Ehemann und die Hoffnung, dass er sie nicht mehr berühren würde, wenn ihre Haut blutete und sich schuppte. Das Kind in ihrem Innern, das ein so geringes Selbstwertgefühl hatte, dass es nicht wagte, sich streicheln oder auch nur berühren zu lassen.

Als sie sich später scheiden ließ, verschwanden wie durch ein Wunder alle Ekzeme und Hautprobleme. Nicht einmal, als sie nach Griechenland fuhr, wurde sie wieder krank.

Ein englischer Psychologe, Dr. Cameron, berichtete in einem Vortrag in London:

»Einer meiner Patienten, ein junger Mann, brachte es nicht über sich, seinem Vater zu erzählen, dass er homosexuell war. Jedes Mal wenn er sich mit seinem Vater verabredet hatte, wurde er so schwer nierenkrank, dass die Verabredung abgesagt werden musste. Und das, obwohl Röntgenaufnahmen und alle übrigen Untersuchungen zeigten, dass sowohl die Nieren als auch die Nebennieren völlig gesund und normal waren. Als er seinem Vater endlich die Wahrheit berichtete – der Vater nahm die Nachricht übrigens viel besser auf, als der junge Mann zu hoffen gewagt hatte –, verschwanden die unerklärlichen Nierenbeschwerden umgehend.«

Unsere Angst vor dem Weg nach innen, in unser eigenes Inferno – oder noch schlimmer: in unsere leere Wüste –, erschreckt uns oft so sehr, dass wir uns mitunter eine Krankheit »holen«, um dieser Konfrontation zu entgehen. Die meisten merken nicht einmal, wofür diese Krankheit eigentlich einspringt. Sie rennen einfach davon, voller Angst. Voller Angst, dass die Wahrheit und die Wirklichkeit sie einholen werden. Würden die Ärzte die Patienten als Erstes nach ihrer seelischen und emotionalen Verfassung fragen, wäre die halbe Schlacht schon gewonnen. Aber in unserer Gesellschaft gilt vor allem der Umweg über den Körper.

Oder wie Clarence Blomquist, der verstorbene Dozent für Medizinische Ethik, erklärte, als ich ihn für eines meiner Bücher interviewte:

»Das Problem besteht darin, dass die Ärzte eigentlich den ganzen Menschen behandeln sollten – obwohl sie oft nichts von der Seele verstehen oder sich schon gar nicht dafür interessieren.«

In unserer heutigen Gesellschaft haben wir zahllose Ärzte und fast keine Pfarrer. Früher ging man mit all seinen Problemen – sowohl mit den körperlichen als auch mit den seelischen – zum Pfarrer und zur Kirche. Der Pfarrer kümmerte sich um den ganzen Menschen. Früher stand die Kirche mitten im Dorf – jetzt haben wir stattdessen gigantische Krankenhäuser. Wenn der ganze Mensch auf die richtige Art behandelt würde, könnten wir eine Menge Krankenhäuser abreißen und vielleicht stattdessen anfangen, Kathedralen zu bauen ... Davon würden vermutlich alle profitieren.

HILFT DAS GEBET?

»...und dabei ist das Gebet kostenlos,
ohne Nebenwirkungen
und ohne Schmerzen...«

Am Montag, dem 21. Januar 2002, brachte das englische Fernsehen eine seltsame Nachricht unter der Überschrift »Das Gebet hilft!«. Ein ernster Reporter blickte in die Fernsehkameras und erzählte, an einem großen Krankenhaus habe ein Ärzteteam eine Reihe überraschender Experimente über die Kraft und Wirkung des Gebets bei Erkrankungen durchgeführt.

Man hatte dabei einige Gebetskreise für Schwerkranke beten lassen und für Paare, die sich einer IVF unterzogen hatten (In-vitro-Fertilisation, künstliche Befruchtung außerhalb der Gebärmutter, wobei Ei und Spermien im Reagenzglas zusammengeführt werden).

Zu dem Test gehörte eine Kontrollgruppe mit der gleichen Anzahl an Schwerkranken und IVF-Paaren, für die jedoch nicht gebetet wurde. Der Test zeigte ein unerwartetes Ergebnis – er war überraschend positiv. Der Zustand der Schwerkranken besserte sich auffallend – in manchen Fällen bis zu achtzig Prozent. Das gleiche Ergebnis ließ sich bei den IVF-Paaren feststellen, bei denen man sonst immer mit sehr vielen Misserfolgen rechnen muss. Dies wurde sofort damit erklärt, dass der Glaube Berge versetze und dass kranke Menschen für Suggestion und Hypnose besonders empfänglich seien. Doch diese Erklärung hielt sich nicht lange. Man hatte die Kraft und Wirkung des Gebets im Doppeltestverfahren geprüft. Ein Teil der Kranken wusste, dass fremde Menschen in einem Gebetskreis versammelt waren, um für sie zu beten – aber genauso viele wussten es nicht, und es ging ihnen trotzdem besser! Die Patienten, für die niemand betete, blieben unverändert krank – es ging ihnen weder besser noch schlechter.

Der Reporter in der englischen Fernsehsendung reichte die Frage im Studio an Theologen und Ärzte weiter. Die Ärzte waren skeptisch und verlangten eine gründlichere Untersuchung. Alle bis auf eine: eine junge Ärztin, die vor ein paar Jahren an unheilbarem Knochenkrebs erkrankt gewesen war. Als sie einer Patientin von ihrer Lage berichtete – dass sie vermutlich keine Überlebenschance habe –, wurden die Rollen getauscht. Die Patientin rief eine Gebetsgruppe zusammen, um für die schwer kranke Ärztin zu beten. Dies war die einzige Medizin, an welche die Patientin glaubte. Die junge Ärztin, die heute völlig geheilt und wieder im Beruf tätig ist, sagte:

»Als Ärztin wusste ich, dass mein Fall äußerst kritisch war. Meine Krankheit war zu weit fortgeschritten, die medizinischen Behandlungen hätten mir wahrscheinlich nicht mehr geholfen. Aber das Gebet und

das liebevolle Engagement meiner Mitmenschen be-
wirkten ein Wunder. Nach diesem Erlebnis sehe ich
meinen Beruf mit anderen Augen.«

Montag, der 21. Januar 2002. Eine englische Fernsehsendung berichtet, dass das Gebet eines Einzelnen
oder einer Gruppe kranken Menschen helfen kann.
Am folgenden Tag suchte ich in den englischen Tages-
zeitungen nach einer entsprechenden Meldung. Nirgends wurde diese Nachricht erwähnt, nirgends wurde
von der Bedeutung des Gebets für schwer kranke Menschen oder für verzweifelte kinderlose Paare berichtet.
Vielleicht war dies ein zu einfaches »Heilmittel«, um
ernst genommen zu werden? Obwohl es der Menschheit seit Urzeiten bekannt ist. Dennoch ist das Gebet
vielen peinlich, es ist ihnen peinlich, das Schicksal
eines anderen in ein Gebet einzuschließen und zu
einer so unsicheren und unwissenschaftlichen Sache
zu greifen.

Und dabei ist das Gebet kostenlos, ohne Nebenwirkungen und ohne Schmerzen. Das Gebet, das auch
gleichbedeutend ist mit Menschenliebe, intensiver
Fürsorge und dem tiefsten menschlichen Engagement,
das Fremde einander auf der ganzen Welt zeigen können.

Womöglich ist es *dies*, was wir in unseren Kranken-
häusern, in den Sprechzimmern unserer Ärzte und in
der gesamten medizinischen Praxis vermissen?

Man spricht vom »Krankheitsgewinn«, und vielleicht ist der eigentliche Gewinn ja die tragische Tat-

sache, dass unsere Mitmenschen endlich lieb zu uns sind, wenn wir krank sind, nett, einfühlsam und verständnisvoll. Vor allem wenn wir krank werden, fassen andere Menschen uns an, legen den Arm um uns, berühren uns. Vor allem wenn wir krank sind, erfahren wir, wie viel wir manchen Menschen eigentlich bedeuten, von denen wir uns nicht einmal wahrgenommen wähnten.

Oder wie Ingmar Bergman mir einmal bei einem unvergesslichen Buchinterview erklärte:

»Ich erhielt eine mittelalterliche Erziehung. Jede Lebensäußerung, jede Freude musste erstickt werden. Schließlich kam ich darauf, dass ich krank sein musste, um von meiner Mutter Aufmerksamkeit und Wärme zu erhalten. Nur wenn ich ›krank‹ war, wurde ich gesehen und damit als Mensch und Sohn bestätigt«, sagte er.

Wir sind alle nur Menschen. Ein Mensch braucht nicht nur Essen, Kleider, Wärme, Arbeit und Wohnraum. Wir müssen auch gesehen, geliebt und bestätigt werden. Dies ist ein so primäres Bedürfnis, dass wir früher oder später krank werden, wenn es nicht befriedigt wird.

Wenn das Gebet hilft, ist das auch eine Bestätigung, dass fremde Menschen in das Leben anderer eingreifen und eine schützende, heilende Kette bilden können.

Warum müssen wir todkrank werden, bevor wir füreinander beten?

TRAUER UND SEHNSUCHT

»Es ist wichtig,
gleich zu trauern,
wenn es geschieht —
und wenn der Zeitpunkt
noch so unpassend ist...«

Als meine Tochter Henriette fünf Jahre alt ist, stirbt plötzlich ihr weißes Kaninchen Skutte. Skutte wird heiß geliebt, und meine Tochter als Einzelkind sieht in ihm so etwas wie einen kleinen Bruder. Dies ist ihre erste Begegnung mit dem Tod, und sie ist untröstlich. Kindlich bittet sie mich, ich solle ihn lebendig machen, ihn wieder aufwecken. Der Tod darf nicht real sein.

Bevor sie am nächsten Morgen in den Kindergarten geht, sieht sie mich ernst an, trocknet ihre Tränen und sagt:

»Ich will ein schwarzes Band um den Arm haben, damit die Kinder verstehen, was passiert ist...«

Verblüfft versuche ich zu begreifen, woher sie diese Idee hat. Einen Trauerflor am Arm oder am Kragen zu tragen, das ist eine alte Tradition, die sie unmöglich kennen kann und von der sie bestimmt auch noch nichts gehört hat. Ich frage sie, aber sie kann es nicht erklären. Dagegen ist sie in der Frage des schwarzen Bandes sehr bestimmt.

»Wenn die Kinder verstehen, was mit Skutte passiert ist, bin ich wahrscheinlich nicht mehr so traurig. Die Kinder müssen verstehen, dass es ihn nicht mehr gibt... Er ist jetzt im Himmel...«

»Aber du kannst ihnen doch einfach erzählen, was passiert ist«, schlage ich vor.

»Nein, dann muss ich bloß weinen. Wenn ich ein schwarzes Band habe, verstehen die Kinder, dass sie nicht mit mir streiten sollen, das wäre mir jetzt nämlich zu anstrengend«, bemerkt sie ein wenig altklug.

Bis auf den heutigen Tag haben weder sie noch ich eine Erklärung dafür, woher sie die althergebrachte Tradition des Trauerflors kannte, die dazu dient, den Verlust eines nahen Angehörigen anzuzeigen. Aber als Fünfjährige reagierte sie spontan, sie wollte ihre Trauer mit den anderen teilen und sie sofort ausleben. Gleichzeitig wollte sie deutlich machen, dass sie traurig und besonders verletzlich war. Hier ging es nicht wie bei manchen Erwachsenen um den Versuch, die Trauer aufzuschieben oder um jeden Preis tüchtig und beherrscht zu sein und es »gut zu verkraften«.

Die meisten Kinder können trauern, wenn wir sie nicht daran hindern und weder den Tod noch die Trauer tabuisieren.

Leider leben die meisten Erwachsenen in einem Tempo und in einer Gesellschaftsform, in der man am liebsten so tut, als existierte der Tod nicht. Und wenn er doch eintritt, versucht man rationell und schnell mit ihm umzugehen. Bestattungen müssen möglichst hell und modern sein, und man schätzt Pfarrer, die einen leichten, alltäglichen Ton anschlagen. Moderne, weltliche Musik erklingt, und auch die nächsten Angehörigen kehren rasch wieder zu ihrer Arbeit und zum Alltag zurück.

»Das Leben muss weitergehen«, sagen wir und hasten davon.

»Inzwischen wird sie ihre Trauer überwunden haben...«, sagen wir und laden die Witwe zur Party ein.

»Das Leben muss weitergehen...«

Und das muss es natürlich auch. Aber es ist eine moderne Erfindung, die Trauer um jeden Preis wegzurationalisieren und die Gefühle dadurch unter Stress zu setzen, ungefähr so wie eine Trauer auf Raten. Kurzfristig ist das einfacher, aber auf Dauer doch kostspielig – und oft mit höheren Zinsen belastet, als wir erwartet haben.

Es gibt nichts, was das Dasein so grundlegend erschüttert wie das Verschwinden eines geliebten, nahe stehenden Menschen. Daher ist es unnatürlich und noch schmerzlicher, dass unsere neue Trauertradition uns dazu zwingt, oft so zu tun, als gebe es den Tod nicht und als wäre nichts passiert.

In dieser Hinsicht waren die Trauerflore, Schleier, schwarzen Strümpfe und schwarzen Mäntel, die bei Beerdigungen und Trauerfällen getragen wurden, sowohl eine Möglichkeit, dem Verstorbenen Respekt zu erweisen, als auch die Trauer mit anderen Trauernden zu teilen.

Selbstverständlich trauern wir nicht durch unsere Kleidung – aber die Trauerkleidung vergangener Zeiten hatte noch eine bedeutungsvollere Funktion als das. Man trug Schwarz, während die Trauer frisch und die Gefühle verletzlich waren und die Wunden noch bluteten. Wenn man stärker wurde und allmählich wieder ins Leben und zur Freude zurückkehrte, tauchten auch Farbe und Leichtigkeit wieder in der Kleidung auf.

Dies ist eine verschwundene Tradition – doch sie half, Rücksicht zu nehmen und anzuzeigen, dass jemand tief trauerte.

Es ist schwierig, über den Tod zu reden. Manchmal ist es noch schwieriger zu zeigen, wie sehr man um einen nahen Angehörigen trauert.

Früher sprachen die Menschen mit dem Pfarrer über den Tod und die Trauer – heutzutage suchen wir einen Arzt auf, der uns für die Trauer und die aufgewühlten Gefühle ein Rezept verschreibt. Vielen Trauernden werden Beruhigungstabletten und Schlafmittel angeboten, damit sie die Zeit der Trauer durchstehen. Und das kann in akuten Fällen durchaus gut und notwendig sein. Aber viel zu oft schieben wir eine gesunde, heilsame Trauer vor uns her, und zwar mithilfe von Tabletten, die unsere Reaktionen und echten Gefühle dämpfen.

Der Tod kommt nie passend. Beerdigungen finden fast immer dann statt, wenn wir »absolut keine Zeit haben«. Wir sollten einsehen, dass man immer dann trauern muss, wenn der Trauerfall sich ereignet – ganz gleich, wie lästig und unpassend das ist. Trauer lässt sich nicht in einen Kalender eintragen und im Voraus planen.

Wir müssen auch akzeptieren, dass jeder Mensch unterschiedlich trauert – und unterschiedlich lange. Es gibt keine Regel, die besagt, wie lange ein Mensch tief, mittelmäßig tief oder gerade richtig tief trauert. Wir müssen die Tatsache respektieren, dass manche Menschen länger brauchen als andere und dass jene, die es scheinbar »überstanden und erstaunlich gut verkraftet haben«, vielleicht nur die Zähne zusammenbeißen und so tun, als wären sie tüchtig, während ihr Dasein nach und nach einstürzt.

Sehr viele Personen, die »gegen die Wand« gelaufen sind, erzählen hinterher, dass dabei eine nicht verarbeitete Trauer eine Rolle gespielt habe. Nicht verarbeitete Trauer: ein trockener, klinischer Ausdruck für eine Vielzahl starker Gefühle. Gefühle, die in unserer übermäßig gestressten Zeit weder ausreichend Ruhe noch Heilung finden.

Da war es trotz allem einfacher, als die früheren Generationen auch mithilfe der Kleidung Trauer zeigten. Damals musste eine Witwe mindestens ein Jahr nach dem Tod des Gatten schwarze Trauerkleidung tragen. Das Risiko, auf unverarbeitete Trauer zu stoßen, war nicht groß – und die Möglichkeit, so zu tun, als wäre nichts geschehen, oder die Trauer aufzuschieben, gab es auch nicht. Damals gönnten die Menschen der Trauer eine dringend benötigte Zeit der Rekonvaleszenz.

Oder wie eine alte Witwe es ausdrückte, als der junge Hausarzt ihr nach dem Tod ihres Mannes Beruhigungstabletten verschreiben wollte:

»Nichts da mit irgendwelchen Tabletten! Als ob ich nicht in Ruhe um meinen Ehemann trauern dürfte! Wir waren fast sechzig Jahre lang glücklich verheiratet. Ich bin stolz auf meine Trauer...«

Alles hat seine Zeit. Auch die Trauer.

Seltsamerweise ist die Gewissheit, dass wir dereinst sterben werden, das Einzige, was wir mit allen anderen Menschen teilen. Und dennoch ist der Tod das, was uns am meisten Angst macht. Viele fürchten sich so sehr vor dem Tod, dass sie zu leben vergessen... »denn es könnte ja sein, dass ich sterbe«! Obwohl wir alle wissen, dass das Leben ein zeitlich begrenztes Abenteuer ist, scheinen die meisten von uns diesen geheimnisvollen Bestandteil des Daseins nicht in sich aufnehmen zu können.

»Der Tod, der Tod, der Tod...«, sagte Astrid Lindgren jeden Morgen im Scherz am Telefon zu ihrer Schwester.

Und das war bestimmt eine effektive Möglichkeit, sowohl der Angst als auch der Unsicherheit die Spitze zu nehmen. Astrid Lindgren prägte auch die folgende Äußerung:

»Man sollte versuchen, das Leben so zu leben, dass einem der Tod als Freund erscheint...«

Unsere Zeit auf Erden ist begrenzt, und das ist wahrscheinlich ein Glück – weil wir sonst wohl überhaupt nichts zustande brächten.

Manchen wird sehr viel Zeit beschert, sie dürfen nach einem langen, reichen Leben friedlich einschlafen. Andere erhalten wesentlich weniger Zeit, und man kann es mitunter nur sehr schwer verstehen, warum Kinder und Jugendliche manchmal plötzlich sterben müssen, während viele alte Menschen darum beten, aufhören zu dürfen.

Wir leben auch in einer Zeit, in der wir glauben, fast alle Probleme lösen zu können – bis auf unheilbare Krankheiten und den Tod. Daher tun wir so, als gebe es den Tod nicht. Der Tod, das betrifft andere – aber nicht mich.

Doch wie lange wir auch leben, Dasein und Schicksal haben uns dasselbe Finale zugedacht. Jeder von uns wird seine Tage unter einem mehr oder weniger verzierten Grabstein beenden – entsprechend der Tradition und den Umständen.

Angesichts dieses Gedankens ist immer wieder unerklärlich, dass Menschen sich gegenseitig so sehr wehtun und fast bis auf den Tod verletzen müssen.

Anstatt sich vor dem wartenden Grabstein oder Gedächtnishain zu fürchten – dem Ort, an dem sich das Finale des Lebens abspielen wird –, könnte uns der tröstliche Gedanke, dass wenigstens der Tod demokratisch ist, mit Ruhe und Frieden erfüllen.

Anstelle von Verbitterung, Eifersucht und Neid

wäre dieser Gedanke doch erfrischend und wohltuend.

Der Gedanke daran, dass wir letztendlich in ein und derselben Schlussvignette vereint werden, ganz gleich, was uns im Laufe des Lebens auch zu trennen scheint, müsste uns doch ein Trost sein.

Also, was soll dann die ganze Aufregung?

ETWAS BESSERES IST BEREITS UNTERWEGS...

»Oft ist der Verlust,
philosophisch gesehen,
eine Art Neugewinn
des Lebens.«

Verlust ist immer ein düsteres Wort. Ein Wort, das wir am liebsten vermeiden. Ein Wort, das uns Angst macht. Ein negatives Wort.

»Verlust«, sagen wir und ducken uns, um ihm zu entgehen.

Wer will schon einen Verlust erleben? Wir wollen nicht verlieren – wir wollen gewinnen. Wir wollen alles, was wir gewonnen haben, was wir haben und was uns gehört, behalten.

Verlust ist nicht nur ein negatives Wort – für die meisten von uns ist es ein durch und durch negatives Erlebnis.

Wir verlieren unseren Beruf, unsere Einkünfte, Autos, Häuser, Partner und Freunde – und wir klagen und beklagen uns. Im Moment des Verlustes sehen wir keinerlei Sinn darin. Wir beklagen uns über unser Pech und fragen uns, warum wir so ungerecht behandelt werden.

Dennoch sollten wir uns vielleicht sowohl im Kleinen als auch im Großen an Verluste gewöhnen. Nichts währt ewig – nicht einmal das Leben. Wie können wir dann fordern, dass alle Dinge und Annehmlichkeiten, mit denen wir uns umgeben, ewig dauern sollen?

Allerdings führt das, was uns wie ein tragischer Verlust erscheint, oft zu unerwartet positiven Veränderungen. Veränderungen, die uns nie gelungen wären, wenn der Verlust uns nicht gezwungen hätte, das Leben anders zu sehen und wahrzunehmen.

Manchmal ist ein radikaler Schock nötig, ein brutaler Aufprall oder Fausthieb, um uns aus dem weichen, bequemen Fernsehsessel zu katapultieren und uns zu der Einsicht zu bringen, dass wir viel zu lange vor uns hin gedöst haben.

Daher müssen wir uns bei jedem Verlust fragen, ob er nicht trotz allem zu etwas Besserem führen kann.

Oft ist der Verlust, philosophisch gesehen, eine Art Neugewinn des Lebens. Wir verlieren etwas, das wir unter keinen Umständen verlieren wollen – und verstehen nicht, dass das Leben mitunter Platz braucht für neue Gedanken, neue Einsätze, neue Menschen und neue Bemühungen. Der Verlust kann uns wachrütteln. Etwas Besseres ist bereits unterwegs.

Versuche jeden Verlust, der dich trifft, auch als eine Art Reinigung zu sehen. Etwas Besseres ist bereits unterwegs. Das Alte muss dem Neuen Platz machen.

Zahllose Menschen haben großen Liebeskummer erlebt, weil sie von der geliebten Person, mit der sie den Rest ihres Lebens verbringen wollten, grausam verlassen wurden. Und hinterher haben sie mit großer Dankbarkeit festgestellt, dass sie trotz allem großes Glück hatten – sonst wären sie ja nie dem Richtigen oder der Richtigen begegnet, jenem Menschen, der plötzlich auf sie zukam – nach dem Verlust.

Verluste erzeugen nicht nur Trauer und Leere – Verluste sorgen auch für Platz. Etwas Besseres ist bereits unterwegs.

Es kommt beispielsweise oft vor, dass ein Wohnungs- oder Hauskauf scheitert, was dann Kummer und Enttäuschung mit sich bringt. Erst einige Zeit später pflegen die enttäuschten Personen oft erleichtert aufzuseufzen:

»Ein Glück, dass wir das Haus damals nicht gekauft haben – sonst hätten wir dieses Traumanwesen, das ein paar Monate später aufgetaucht ist, nie gefunden.«

Etwas Besseres ist bereits unterwegs … aber wir sehen es nicht. Wir schlagen um uns, schreien und protestieren und wollen, dass alles unbedingt so läuft, wie wir es beschlossen und gewünscht haben …

Gerade bei Verlusten müssen wir uns fragen, ob wir standhalten oder nachgeben sollen. So wie Bäume, wenn große Stürme und Orkane übers Land ziehen. Die biegsamen, elastischen Bäume beugen sich im Wind und warten ruhigeres Wetter ab. Sie werden nicht gebrochen – sondern erheben sich wieder, wenn der Sturm sich gelegt hat. Die anderen stehen aufrecht, hartnäckig und regungslos da, verfluchen die

Kraft des Sturms und werden in ihrer harten Unnachgiebigkeit gebrochen.

Wer eine bestimmte Arbeit gesucht und alles in diese Bemühung investiert hat, nur um erfahren zu müssen, dass ein anderer den Job bekommen hat, erlebt Enttäuschung und Trauer. Erstaunlicherweise hört man oft – ein halbes oder ein Jahr später – den Betreffenden sagen: »Gott sei Dank, dass ich den Job damals nicht bekam, denn dann hätte ich diesen hier ja nie erwischt...«

Etwas Besseres ist immer unterwegs... auch wenn wir es in dem Moment nicht zu sehen vermögen.

Glaube nie, dass das Leben dir grundlos etwas nimmt – Dinge oder Chancen zum Beispiel. Du bist nur zufällig von dem Verlust geblendet und so voller Zorn und Enttäuschung, dass du die vielen Farben des Regenbogens nicht wahrnimmst und die Anzeichen am Himmel, dass es trotz allem bereits heller wird.

Der Sturm legt sich, der Regen hört auf, die Wolken lichten sich, und das Leben zeigt neue Möglichkeiten auf. Das Leben, das neuen Platz braucht... und du selbst musst dich fragen:

»Was will das Leben mir mit diesem Ereignis sagen?«

Selbst wenn geliebte, nahe stehende Personen sterben, muss das nicht der Auftakt für eine Zeit der ausschließlichen Trauer, Dunkelheit und Sehnsucht werden. Wenn wir die tröstliche Einsicht gewinnen, dass man auch mit den Verstorbenen einen täglichen oder einen doch regelmäßigen positiven Kontakt pflegen kann, kann selbst eine solche Trauer zu neuen Leistungen und Bemühungen wachrütteln. Viele haben berichtet, wie sie die Trauer nach dem ersten Schock zu etwas Positivem und Bereicherndem umgewandelt haben, zu etwas, das den Toten beglückt hätte.

Ein Mann erzählte mir, dass seine Schwester schon in jungen Jahren starb. Seine Trauer wurde für ihn erstaunlicherweise ein Wendepunkt und keine Tragödie.

»Mir war, als hätte ich die Verantwortung, all das zu tun, was meiner Schwester nicht vergönnt gewesen war. Vor ihrem Tod war ich recht unmotiviert gewesen. Ich vernachlässigte meine Studien und interessierte mich für nichts. Als sie starb, wollte ich mir das Leben nehmen. Da ermahnte mich mein Vater streng und ernst, ich solle mich lieber endlich am Riemen reißen und etwas aus meinem Leben machen. Immerhin hätte ich mein Leben noch vor mir. Daher kann ich sagen, dass der Tod meiner Schwester zu einem positiven Wendepunkt wurde, und seither ist sie täglich als geliebter Leitstern in meinem Dasein vorhanden.«

IRRTÜMER DER FREUNDSCHAFT

»Die besten
Freunde der Welt
sind plötzlich
Feinde…«

London im Juli. Drückende Hitze, es ist windstill und stickig.

Dennoch ist die London Arena ausverkauft, fünftausend Menschen aus ganz Europa haben auf ihren Badeurlaub verzichtet und lieber Eintrittskarten für das dreitägige Seminar des Amerikaners Anthony Robbins »Unleash your inner power« (Befreie deine innere Kraft) gekauft.

Jeder Tag ist eine unvergessliche Vorstellung, getragen von dem konzentrierten Druck fünftausend junger Europäer, die nach London gekommen sind, um ihren seelischen Durst und ihre Sehnsucht nach einem alternativen inneren Erlebnis zu stillen.

Anthony Robbins hält das Publikum zwölf Stunden täglich dynamisch mit eiserner Hand zusammen. Er ruft zu Veränderung auf, zu wachem Bewusstsein und zu einem großen JA! Ja zum Leben und zur Zukunft – ja zur eigenen Verantwortung.

Anthony Robbins, eine sportliche, charismatische

Kultfigur, der sein internationales Publikum mit seinem intensiven Zugriff und Engagement in Bann schlägt. An einem Tag spricht er über Freundschaft. Darüber, wie wichtig es ist, Freundschaft zu wagen und zu pflegen. Plötzlich fragt er:

»Wie viele von Ihnen haben schon einen wichtigen Freund verloren, ohne zu begreifen, warum? Ohne zu verstehen, was eigentlich passiert ist – was dazwischengekommen ist?«

Ich sehe mich in dem riesigen Raum mit den schwarzen, fensterlosen Wänden um, der den Sommer und die Hitze aussperrt. Ich sage mir, dass es bestimmt nicht allzu viele sind, die sich von dieser Frage betroffen fühlen. Da ruft Anthony Robbins aus:

»Alle, die einen Freund verloren haben, einen richtigen Freund, ohne zu begreifen, warum, sollten jetzt eine Hand heben. Seid ehrlich – Hand aufs Herz –, hebt die Hand!«

Ich sehe mich wieder um und überlege: Nun, das werden vielleicht an die hundert Hände werden. Da passiert etwas Seltsames. Fast alle fünftausend heben eine Hand. Soweit ich feststellen kann, hebt jeder einzelne Teilnehmer eine Hand hoch – ich selbst auch –, und Robbins ruft aus:

»Wenn ich nun dieselbe Frage an eure verlorenen Freunde gerichtet hätte, hätten die auch ihre Hand gehoben? Jetzt frage ich euch: Falls ihr auf einen Knopf drücken könntet, um den verlorenen Freund wiederzubekommen, würdet ihr da Ja sagen?«

Erneut fahren fast fünftausend Hände in die gekühlte Luft. Alle Betroffenen rufen »Ja!«. Einige brechen in Tränen aus. Erinnerungen an verlorene Freundschaften strömen zwischen den Teilnehmern hin und her. Da sagt Robbins:

»Jeder, der seinen verlorenen Freund wiederhaben will, muss heute Abend einen wichtigen Anruf tätigen. Ihr müsst anrufen und euren Freunden ganz einfach und aufrichtig sagen, dass sie euch fehlen. Dass ihr wissen wollt, wie es ihnen geht und was sie machen. Ihr müsst heute Abend anrufen. Freunde sind wichtig. Wir tragen alle eine Verantwortung.«

Am nächsten Morgen sitzen wir alle wieder auf unseren Plätzen, und Robbins fragt:

»Wie viele haben gestern Abend ihren verlorenen Freund angerufen?«

Ringsum Stille. Eine leicht verlegene Stimmung. Vereinzelt heben sich ein paar Hände. Ich zähle und komme auf knapp hundert.

Fünftausend wollten anrufen – aber nur hundert wagten es. So heikel und schmerzhaft können Freundschaften werden. Und dabei ist die Freundschaft häufig die wichtigste Brücke zwischen zwei Menschen.

Freundschaft, die trotzdem so leicht grundlos zerbricht, ohne dass man versteht, warum. Ein kleiner Streit über etwas, was man bereits vergessen hat. Ein großer Streit.

»That's what friends are for...«, sagen die Engländer und meinen damit, dass eine Freundschaft Stürme und kleine Streitigkeiten aushalten muss.

Doch nein – die meisten von uns werden mit den Missverständnissen der Freundschaft nicht fertig, stattdessen folgen Schweigen, aufgelegte Telefonhörer, unbeantwortete E-Mails, zurückgesandte Briefe und bittere Grußbotschaften durch andere Freunde:

»Richte ihm aus, dass ich nichts mehr zu sagen habe ...«

»Sage ihr, dass ich sie nie mehr sehen will ...«

Aber zwischen all diesen verbitterten, zornigen Nachrichten fließen oft heiße Tränen, schmerzen verletzte Gefühle. Neben Verrat in der Liebe gibt es fast nichts, was so sehr schmerzt wie eine verratene Freundschaft. Man hatte ein Vertrauen aufgebaut, man teilte so viele Geheimnisse, so viele Momente der Freude, der Trauer, teilte Sorgen, Erfolge und Misserfolge, eben alles, was man in einer echten und wichtigen Freundschaft teilt. Dann geschieht plötzlich das Unerklärliche. Das Eigenartige und Unbegreifliche. Die besten Freunde der Welt sind auf einmal Feinde geworden und wollen nicht einmal mehr den Namen des anderen zur Kenntnis nehmen.

Doch dann vergeht die Zeit. Der Zorn legt sich, und anstatt wütend zu sein, geht die heiße Erbitterung in kühle Enttäuschung und vielleicht in Sehnsucht über. Man beginnt sich zu fragen, was eigentlich passiert ist und warum der Freund sich nicht mehr meldet. Das ist unser häufigster Gedanke, wenn eine

Freundschaft in die Brüche geht. Warum ruft er denn nicht an und fragt nach mir? Ich könnte ja tot sein... Ich könnte ja umgezogen sein... Warum fragt er denn nicht nach mir?

»Und warum rufst du selbst nicht an?«, sagt dann jemand genauso verständnislos wie das Kind in »Des Kaisers neue Kleider«.

»Ich? Warum sollte ich anrufen? Es ist wirklich nicht meine Sache, den ersten Schritt zu tun... Es war nicht meine Schuld, dass unsere Freundschaft auseinander ging.«

In der Frage, wer den ersten Schritt tun soll, herrschen sehr strikte Regeln. Seltsamerweise sind beide Seiten fast immer gleich fest davon überzeugt, dass es dem anderen zukommt, diesen Schritt zu tun.

Die Welt ist voll von diesen ersten Schritten – die nie getan werden. Stattdessen verrosten die Chancen zur Versöhnung, während auf beiden Seiten des Stacheldrahtes die Verbitterung wächst.

»Nie im Leben werde ich ihn anrufen. Er weiß, um was es geht. Er weiß, wie sehr er mich verletzt hat.«

Aber nein – das weiß er vermutlich überhaupt nicht... Und selbst wenn er das weiß – was nicht wahrscheinlich ist –, spielt das denn eine Rolle? Spielt es jemals eine Rolle, wer den ersten Schritt tut? Gibt es irgendwo ein Gesetz, dass es immer der andere sein muss? Das einzig Wichtige ist, dass überhaupt ein Schritt getan wird. Dass eine Hand ausgestreckt und versucht wird, das Band der Freundschaft wieder anzuknüpfen. Dass jemand die Kraft und den Mut hat, »Verzeih mir« zu sagen.

»Nein, das hat keinen Sinn. So wie früher wird es doch nie mehr«, sagen die meisten und schmollen wie kleine Kinder im Sandkasten.

Und dennoch glaube ich, dass man die Freundschaft durchaus so sehen kann, als wäre sie ein Korb voll frisch gepflückter Äpfel. Nicht alle Äpfel sind glatt, grün oder rot und ohne braune Flecken und kleine Macken. Manche sind angeschlagen – schmecken aber trotzdem frisch und gut, wenn man nur die kleinen braunen Stellen wegschneidet.

Nur wegen ein paar kleiner Flecken wirft man schließlich keinen ganzen Apfel weg!

Warum werfen wir dann Freunde wegen irgendwelcher lächerlicher Missverständnisse weg – oder weil sie nicht perfekt sind?

Falls du einen Freund verloren hast, rufe ihn noch heute Abend an.

PLUS UND MINUS –
EINE METHODE, WENN IM DASEIN
KALTE WINDE WEHEN

»Sonne und Licht,
Schatten und Regen.
Daraus besteht die Kraft
der Kontraste…«

Das Leben ist sonderbar. Nie werden wir lernen, dass es Aufs und Abs gibt. Und dass es immer so sein wird. Dass der eigentliche Kern des Lebens immer beweglich bleibt und zwischen hellstem Sonnenschein, schwärzester Verzweiflung und allgemeinem Tiefdruck hin und her pendelt.

Solange wir auf den hohen Wellenkämmen umhersurfen und die Sonne uns ins Gesicht scheint, vergessen wir, dass dies nicht ewig währen wird. Wenn wir die nächste Welle durchschneiden und der salzige Schaum über unsere braun gebrannte Haut zischt, rechnen wir allzu gern damit, dass die Sonne des Glücks nie mehr hinter Wolken verschwinden wird. Doch das tut sie, und das ist das Einzige, worauf wir uns immer verlassen können. Allerdings ist das bei weitem nicht so traurig, wie es klingt – es geht eher darum, wie man die Wechselfälle des Lebens meistert.

Der legendäre Klaviervirtuose Arthur Rubinstein war über neunzig Jahre alt, als er in einem Fernsehinterview erklärte:

»Ich habe mich nie vor den jähen Wendungen des Lebens gefürchtet. Im Gegenteil, gerade durch sie habe ich mich sowohl musikalisch als auch menschlich weiterentwickelt. Je früher wir lernen, dass nichts von Dauer ist – desto besser verstehen wir die Wechselfälle des Lebens und schaffen es sogar, sie positiv zu nutzen. Eines habe ich schon früh gelernt – wenn ich die optimale Kraft der Sonne genießen will, muss ich auch den Schatten, den Regen und die Dunkelheit akzeptieren. Daraus besteht die Kraft der Kontraste. Aber trotzdem schmollen wir und lehnen die Gesetze der Natur und des Lebens ab.«

»Ausgerechnet jetzt, wo alles so gut läuft, jetzt, wo sich alles regelt, wo ich so guten Schwung hatte ... ausgerechnet jetzt muss das passieren ... Nein, damit komme ich nicht klar ...«

Wir kennen dieses Gefühl. Diese Reaktionen sind uns vertraut.

Wir wachen eines Morgens auf und haben das Gefühl, das Leben, das Schicksal und die Wirklichkeit hätten uns einen Tritt in die Magengrube verpasst. Alles sieht rabenschwarz aus – auch wenn die Sonne hinter den herabgelassenen Jalousien strahlt. Alles fühlt sich hoffnungslos an – selbst wenn jede Menge Möglichkeiten auf uns warten.

Die Verzweiflung macht uns blind und taub. Das

Einzige, was wir sehen und hören, sind die Dunkelheit und das im Hintergrund grollende Gewitter.

Eigentlich lohnt es sich gar nicht aufzustehen, denken wir und schaffen es kaum, unter die Dusche zu gehen und einen neuen Tag zu beginnen.

»Was ist da wohl passiert?«, fragt unser Umfeld, und darauf wollen wir nicht einmal antworten. Das würde ja sowieso niemand verstehen.

Uns selbst ist klar, dass wir eigentlich alles verloren haben. Zumindest kommt es uns so vor, und wir haben ganz stark das Gefühl, dass Verzweiflung und Hoffnungslosigkeit nie mehr aufhören werden.

Doch bevor man endgültig aufgibt, sollte man eine ausgleichende geistige Trainingsmethode anwenden – »Plus und Minus«.

Das mag vielleicht lächerlich klingen. Aber Knoblauch gegen eine Erkältung zu verwenden klingt ebenfalls lächerlich – obwohl es hilft und der schlimmste Husten meistens nachlässt.

Also PLUS und MINUS.

Ich wünsche mir ganz einfach, dass du dich inmitten deiner finstersten Verzweiflung hinsetzt und eine kleine Rechnung aufstellst. Soll und Haben – Plus und Minus – Positives und Negatives!

Wenn das Leben hoffnungslos erscheint, glaubt man zwar, absolut nichts könne in die Nähe eines jämmerlichen Pluspunktes kommen, doch das stimmt nicht. Also her mit Papier und Bleistift! Richte zwei Spalten ein – eine für Plus und eine für Minus. Starte deine Bestandsaufnahme, leg los, schreibe! Dies wird vielleicht die beste Kalkulation deines Lebens. Du wirst staunen, wie viel auf der Plusseite stehen bleibt – trotz allem.

Die meisten werden jetzt einwenden: Muss ich das wirklich hinschreiben? Das kann ich mir doch genauso gut denken, oder? Nein, das klappt nicht. Wenn man erst mal anfängt, in Minus und Plus zu denken, tendieren alle Gedanken dazu, automatisch bei Minus zu beginnen und mit einem qualvollen Bauchklatscher zu landen. Eine ganz eigene Kraft dagegen liegt darin, die Plus- und Minuspunkte des Lebens auf einem Stück Papier aufzuschreiben. Und um auch hier nicht in der Falle des Negativen zu landen, musst du dich dazu zwingen, mindestens zehn positive Punkte zu nennen – selbst wenn es schwer fällt.

Diese »Methode« entstand in einer akuten Situation. Ich hatte spätabends an einer Fernsehsendung mitgewirkt, und kurz nach Mitternacht rief mich eine mir unbekannte Frau an und teilte mir in kurzem, fast förmlichem Tonfall mit:

»Ich habe Sie soeben im Fernsehen gesehen. Jetzt stehe ich auf meinem Balkon im zehnten Stock und werde springen. Ich will keine Minute mehr leben. Alles ist aus.«

»Das kann doch nicht Ihr Ernst sein«, stieß ich hervor, während ich zu begreifen versuchte, was sie soeben gesagt hatte.

»Es ist mein Ernst, und Sie sind meine Zeugin.

Wenn Sie das nächste Mal im Fernsehen auftreten, müssen Sie allen berichten, was für eine Hölle das Leben ist. Denn jetzt springe ich.«

»Nein, nein … bitte springen Sie nicht«, flehte ich, während ich die richtigen Worte zu finden und Zeit zu gewinnen versuchte.

Ich begann wie besessen zu reden. Ich zitierte die Bibel, das Gesangbuch und alle Gedichte, die mir einfielen. Sie hörte nicht zu, sondern teilte mir mit wachsender Entschlossenheit und Verzweiflung in der Stimme mit:

»Ich springe trotzdem. Ich kann nicht mehr …«

Und da, inmitten der Panik, kam ich auf die Idee, sie zu fragen, ob es in ihrem Leben niemanden oder nichts gebe, das positiv sei. Nicht einmal einen einzigen kleinen Punkt.

»Nein, absolut nichts«, beharrte sie.

»Überlegen Sie doch mal«, versuchte ich. »Irgendetwas muss es geben.«

»Nein, nichts. Jedenfalls nichts Wichtiges.«

»Aber sind Sie nicht trotz allem wenigstens gesund?«

»Ich bin in meinem ganzen Leben noch nie krank gewesen«, antwortete sie aufrichtig.

»Aber *das* ist doch etwas Positives. Endlich haben wir einen Punkt gefunden.«

»Ja, aber der ändert nichts an meinem Entschluss.«

Ich zerbrach mir in wachsender Verzweiflung den Kopf darüber, wie ich sie ablenken könnte, bis mir einfiel, dass sie als Adresse Guldheden in Göteborg erwähnt hatte, also nicht weit entfernt vom Sahlgren'schen Krankenhaus.

»Können Sie das Sahlgren'sche Krankenhaus von Ihrem Balkon aus sehen?«

»Ja, das kann ich – warum?« Inzwischen weinte sie ganz offen.

Ich schluckte, holte tief Luft und schlug dann mit einem neuen Tonfall und einer neuen Überzeugung in der Stimme zu:

»Dann schauen Sie sich das Krankenhaus bitte noch einmal an. Dort liegen mehrere tausend kranke Menschen, davon sind bestimmt ein-, zweihundert todkrank und kämpfen und beten gerade jetzt, in diesem Augenblick, um ihr Leben. Menschen, die alles dafür geben würden, noch eine Stunde, einen Tag, eine Woche leben zu dürfen – und da stehen Sie kerngesund auf einem Balkon und wollen sich das Leben nehmen, nur weil Ihnen alles hoffnungslos erscheint. Schauen Sie sich das Krankenhaus noch einmal an, und denken Sie daran, dass alle, die dort liegen, gern mit Ihnen tauschen würden. Sie persönlich sind verzweifelt – aber gesund. Gegen die Verzweiflung kann man etwas tun. Verlassen Sie den Balkon, und denken Sie darüber nach, dann werden Sie einsehen, dass Ihr Vorhaben ein einziger großer Irrtum ist...«

Da hörte ich plötzlich ein Klicken im Telefon. Sie hatte den Hörer aufgelegt, und ich stellte mir voller Entsetzen vor, dass sie vielleicht trotz allem gesprungen war. Während ich darüber nachdachte, wie man das Gespräch zurückverfolgen könnte, läutete das Telefon erneut. Es war wieder die Frau:

»Danke...«, flüsterte sie schluchzend. »Das, was Sie über die Gesundheit gesagt haben und über die vielen Menschen, die um ihr Leben kämpfen, hat mir zu denken gegeben. Dann ist mir noch etwas Positives eingefallen. Ich habe ja einen Hund, den ich liebe. Ich hatte ganz vergessen, dass er in der Wohnung auf mich wartet und mich braucht. Jetzt liegt er hier auf meinem Schoß... und noch etwas, ich habe die Balkontür inzwischen verriegelt.«

Manchmal kann der kleinste Schubs in eine positive Richtung große Wüsten voller Dunkelheit, Verzweiflung und Hoffnungslosigkeit erhellen. Er kann uns helfen, die verborgenen Kraftquellen des Lebens wieder zu finden, kann uns die Pluszeichen zeigen – inmitten der vielen schwarzen Minusstriche.

MUTE DIR NICHT MEHR ZU, ALS DU VERKRAFTEST (GEGEN DIE WAND LAUFEN)

*»Niemand kennt
dich besser als
du selbst.
Jeder von uns
hat unterschiedliche Kräfte...«*

Früher hieß es schlicht und einfach: Überanstrengung. Ein undramatisches Wort, das ohne viel Aufhebens unsere Versuche beschrieb, mehr zu leisten, als unsere Kräfte zuließen.

Ein altmodisches Wort, das auch eine Art persönliche Verantwortung enthielt. Man hatte sich über die eigenen Kräfte und Möglichkeiten hinaus angestrengt. Man hatte den Karren überladen.

Dieses Wort wurde jedoch schnell gegen andere Begriffe ausgetauscht: zusammenklappen, einen Nervenzusammenbruch haben oder kollabieren.

Heute heißt es plötzlich: Wir sind ausgepowert, oder auch: Wir sind gegen die Wand gelaufen.

In sprachlicher Hinsicht ist es interessant, dass die neuen Wörter und Begriffe bei genauer Analyse keinerlei Verantwortung in sich tragen. Wer kann schon etwas dafür, dass er ausgepowert wird – wer kann etwas dafür, dass er gegen die Wand läuft, weil das Leben so grausam und rücksichtslos ist?

Natürlich dürfen wir bei diesen Zuständen nicht von Schuld sprechen oder die Betroffenen anklagen – aber wir helfen auch niemandem, der sich in der Gefahrenzone bewegt, wenn wir diese Zustände als unausweichlich oder notwendig betrachten.

In Bezug auf den Körper ist uns weit mehr bewusst, dass Erfolg und Gewinn in direkter Beziehung zu unserem Einsatz, unserer Fürsorge und vor allem unserer persönlichen Einstellung stehen.

Wer seinen Körper jahrelang mit falscher Ernährung, zu wenig Bewegung und frischer Luft, zu viel Tabak, Alkohol und anderen Drogen traktiert, ohne auf die täglichen Warnsignale zu hören, muss schließlich erleben, dass der Körper sich auf einmal wehrt. Man bekommt plötzlich eine Herzattacke, einen Schlaganfall, ein Magengeschwür oder sonst etwas Dramatisches. Der Körper ruft um Hilfe und zeigt sich endgültig widerspenstig. Man muss es bitter bereuen, dass man einfach weitergemacht und seinem Körper so viel zugemutet hat, ohne Pausen einzulegen, ohne darüber nachzudenken und sich um die Folgen zu kümmern.

Wenn wir die Seele jahraus, jahrein belasten, mit Stress, mit übertriebener täglicher Arbeit, mit anstrengenden Beziehungen, mit Streit, Aufregung und Schlaflosigkeit – dann setzt schließlich auch die Seele einen Punkt, ruft nach Hilfe und kann nicht mehr.

Wir werden depressiv oder kollabieren – oder wir laufen gegen die Wand. Wir fühlen uns ausgebrannt. Wir sind fix und fertig, verfluchen das Schicksal, das Leben und unser Pech. Warum musste das alles ausgerechnet mir passieren?

Gleichzeitig strömen Freunde, Verwandte und Kollegen herbei. Plötzlich sind alle voller Anteilnahme und Bedauern und wollen uns beistehen. Wir bekommen Blumen, ermunternde Worte und Geschenke. Denn jemand, der gegen die Wand gelaufen ist, hat sich ja immerhin fast zu Tode geschuftet, alles gegeben, einen tollen Einsatz gezeigt und alles auf eine Karte gesetzt.

Manchmal scheint es fast so, als müssten wir gegen die Wand laufen, um der Umwelt zu zeigen, wie tüchtig, ehrgeizig und rechtschaffen wir sind und wie selbstlos wir uns in unsere Arbeit und Aufgaben stürzen.

Mitunter scheint das Burn-out-Syndrom die Kehrseite der modernen Medaille für eine ehrgeizige berufstätige Person zu sein. Müssen wir gegen die Wand laufen, um einer verständnislosen Umwelt zu zeigen, wie hart wir arbeiten und wie sehr wir uns abmühen?

Aber wo bleibt unsere eigene Verantwortung? Sind wir nicht trotz allem für unser eigenes Leben verantwortlich und dafür, wie wir damit umgehen?

Niemand kennt dich besser als du selbst. Jeder von uns hat unterschiedliche Kräfte – zu unterschiedlichen Zeiten und für unterschiedliche Aufgaben. Manche sind großartige Kurzstreckenläufer, andere wiederum ziehen Langstrecken- und Marathonläufe vor.

Wir werden alle gebraucht, müssen aber lernen, was wir am besten können, damit wir unsere Kräfte richtig einsetzen. Wir müssen unseren eigenen Rhythmus, unsere eigene Leistungsfähigkeit akzeptieren. Es gibt Leute, die brauchen weder Pausen noch ein Privatleben oder überhaupt ein Leben neben der Arbeit. Wer eine solche Person als Chef hat, ist schlecht dran – falls er nicht wagt, sich zu wehren.

Sich rechtzeitig zu wehren – das ist der Schlüssel zu physischer und psychischer Gesundheit. Sonst landet man schnell in einem komplizierten Wust aus schlechter Planung, schlechter Gewichtung, schlechter Selbsteinschätzung und schlechtem Gewissen.

Mute dir nicht mehr zu, als du verkraftest – und zögere nicht, dich zu wehren. Es ist besser, irgendwann verzagt und mutlos genannt zu werden anstatt unter der Bezeichnung »unermüdlicher Supermann« zu laufen und dann auf der Intensivstation zu landen, weil Herz, Gehirn und Seele nicht mehr mitmachen.

Vielleicht ist es möglich, schnell und heftig gegen die Wand zu laufen, seine körperlichen und seelischen Schrammen zu verpflastern, eine Zeit lang krankgeschrieben zu werden und sich dann ausgeruht wieder in Hektik und Stress zurückzubegeben. Aber nicht alle haben die Kraft zurückzukehren. Sehr viele haben einen Schock fürs Leben bekommen und schaffen eine Rückkehr weder physisch, noch wagen sie sie psychisch.

Der schwedischen Bevölkerung gehe es schlechter als je zuvor, warnten neulich mehrere Experten. Unter anderem verwiesen sie auf die dramatisch zunehmende Zahl von Patienten, die aufgrund seelischer Probleme krankgeschrieben werden: Burn-out-Syndrom, Mobbing am Arbeitsplatz, Depressionen, Ängste und allgemeine seelische Erschöpfung.

»Ich kann nicht mehr . . .« ist zu einer so häufigen Äußerung geworden, dass wir kaum noch darauf reagieren.

Was treiben wir eigentlich? Dieses Leben, das uns zusteht, dieses Leben, dem wir so viel Hoffnung entgegenbringen sollten. Wir existieren schließlich nicht nur, um uns abzuhetzen und Leistung zu bringen. Wir existieren, um das Leben mutig anzupacken und es voller Freude zu leben! Wir existieren auch, weil wir uns um uns selbst und um die Menschen, die wir lieben und gern haben, kümmern sollten, um die Menschen, die unserem Leben einen tieferen Sinn schenken und es lebenswert machen.

Warum halten wir nicht viel öfter inne, um zu fragen: Wohin bin ich unterwegs? Warum wagen wir es nicht, rechtzeitig »Stopp!« zu sagen?

Wir wagen es doch auch, wenn es beispielsweise um unser Auto geht. Da sind wir aufmerksam, verantwortungsbewusst und ausgesprochen fürsorglich. Wenn das Öl fast verbraucht ist, blinkt ein rotes Lämpchen, worauf wir uns gleich große Sorgen um unseren armen Volvo, Saab oder Golf machen. Wir rufen sofort die Fachwerkstatt an und vereinbaren einen Termin für einen Kundendienst mit Ölwechsel und neuen Zündkerzen.

Wann hast du deine eigene Stresslampe rot und

warnend aufleuchten sehen? Und wenn du sie gesehen hast – warum hast du dich nicht um dieses Signal gekümmert? Wann hast du deinem Leben zum letzten Mal neue Zündkerzen und einen mentalen Ölwechsel gegönnt, die so viel hätten ändern können?

»Schon gut, aber ich habe jetzt gerade keine Zeit zum Verreisen«, sagst du.

Sein eigenes Leben in die Hand zu nehmen bedeutet jedoch nicht in erster Linie Urlaub, Ruhe und gelegentliche Kuraufenthalte. Es geht viel eher darum, jeden Tag ein bisschen zu lachen, sich ein wenig verliebt zu fühlen, sich überraschen zu lassen oder zumindest jemand anderen zu überraschen, unsere Kinder zu küssen und ihnen zu sagen, wie froh wir sind, dass es sie gibt, wie sehr wir sie lieben und wie viel Gutes wir ihnen wünschen. Es geht darum, sich immer wieder daran zu erinnern, dass wir voller Gefühle sind – Gefühle, um die wir uns auch kümmern müssen.

Wir sollten auch von Löwen, Hunden und anderen klugen Tieren lernen, die viel besser als wir selbst verstehen, wie das Leben gelebt werden soll. Unsere Hunde zum Beispiel, die ihre Energie nie falsch einschätzen oder unnötig vergeuden, wissen ganz genau, dass auch viele verdöste Stunden der Entspannung vor dem offenen Kamin, im warmen Korb oder auf dem vertrauten Schoß des Frauchens nötig sind, um gesund und munter zu bleiben. Instinktiv wissen sie, dass dies genauso wichtig ist wie ihr Fleischknochen, ihr Wasser und ihr Kraftfutter.

Unsere Hunde legen sich hin, wenn sie keine Kraft mehr haben. Und das Wichtige ist, dass sie sich immer dann hinlegen, wenn sie müde sind. Hinterher stehen sie auf, schütteln sich und jagen in die frische Luft und ins Leben hinaus, gestärkt und angeregt von der vorübergehenden Ruhepause. Das Geheimnis ist, dass sie sich immer genau dann ausruhen, wenn sie müde sind. Sie schieben es nie auf, weil sie glauben, es würde vorbeigehen.

Wir können natürlich nicht immer so spontan sein wie unsere Hunde – aber wir können uns an eine Hauptregel halten. Die Regel, unsere Müdigkeit innerhalb von vierundzwanzig Stunden in Angriff zu nehmen – anstatt sie im mentalen Kühlschrank in ein kleines Stressfach zu legen, in dem Glauben, wir würden schon irgendwie klarkommen, wenn wir alles Unangenehme auf Eis legen. Tun wir das nicht, werden wir eine Überraschung erleben. Eines Tages fliegen sämtliche Sicherungen gleichzeitig heraus, und alle Müdigkeit und Sorgen, die wir auf Eis gelegt und zu vergessen versucht haben, tauen auf und überspülen uns wie eine verspätete Stress- und Sintflut.

Wir stehen auf und suchen nach einem Ausweg. Aber alle Türen sind versperrt. Alle Auswege blockiert. Überall blinken rote Warnsignale.

Und dann laufen wir gegen die Wand.

Dann schlagen wir uns sowohl die Stirn als auch die Seele blutig.

DER EIGENE ANTEIL

»Es ist wichtig –
fast lebenswichtig –,
den eigenen Anteil
am Geschehen zu erkennen…«

Das Leben ist nicht immer so, wie wir es uns vorgestellt haben, das ist nichts Neues. Manchmal ist es
genau das Gegenteil. Dann werden wir vor Zorn, Erre-
gung, Verzweiflung und Enttäuschung halb wahnsinnig.

»Wie konnte es nur so werden? Wie kann man mich
so behandeln?«, wimmern wir und verfluchen die Un-
gerechtigkeit des Daseins.

Und dann beginnen wir einen Sündenbock zu suchen. Wenn wir uns selbst als weiße, unschuldige Op-
ferlämmer sehen, lässt sich leicht jemand finden, der
schuld an unserer Misere ist.

»Es muss doch einen Sündenbock geben«, denken
wir energisch und schauen uns um. Ganz gleich, was
passiert ist – ein anderer oder mehrere andere müssen
die Verursacher sein.

Dabei kann es um eine Scheidung gehen, um misslungene Geschäfte, berufliche Probleme, Konflikte mit
Freunden, Auseinandersetzungen mit Kindern, Geschwistern und Verwandten, Schwierigkeiten in der

Liebe … Was auch immer geschehen ist, die meisten Menschen reagieren wie auf einen bedingten Reflex und rufen:

»Ich kann nichts dafür! Ich bin ungerecht behandelt worden. Warum sind alle so gemein zu mir? Das habe ich nicht verdient. Warum sind die Menschen so rücksichtslos?«

In all diesen Situationen der Enttäuschung ist es wichtig, ja, beinahe lebensnotwendig, den eigenen Anteil am Geschehen zu sehen. Einzusehen, wie groß der eigene Anteil an den meisten Dingen ist, die uns widerfahren.

Das Leben ist nicht so einfach, dass wir alle Irrtümer und Enttäuschungen mit den Fehlentscheidungen, der Dummheit und Bosheit anderer Menschen erklären können. Dies darf jedoch nicht mit übertriebenen Selbstvorwürfen verwechselt werden. Ganz im Gegenteil – den eigenen Anteil an den Ereignissen zu sehen beinhaltet vor allem eine sehr große Freiheit. Die Freiheit, sich selbst, das Geschehene und die eigene Zukunft zu verändern.

Indem man den eigenen Anteil sieht, verringert man automatisch das eigene Leid, die eigene Aufregung. Wenn man einsieht, dass man nicht einfach überrumpelt wurde, sondern selbst etwas damit zu tun hat, ist alles schon etwas weniger schmerzhaft. Wer seinen eigenen Anteil sieht, nimmt auch den eigenen Anteil an der Verantwortung für ein Ereignis oder eine Situation wahr. Dies ist sehr viel konstruktiver als eine

Haltung, die uns ein ganzes Leben lang als willenlose Opfer negativer Umstände und boshafter Menschen, die unser Unglück wollten, hinstellt.

Für Eva brach natürlich die ganze Welt zusammen, als sie eines Tages eine trockene, förmliche, kühle E-Mail erhielt, in der ihr Mann ihr nach fünf Jahren Ehe mitteilte, er wolle die Scheidung. Während Eva die Nachricht zu begreifen versuchte, erfuhr sie – in ebenso förmlichen Redewendungen –, dass er inzwischen eine andere Frau getroffen habe.

»Ich sah mich wirklich als Opfer«, berichtet Eva. »Alle Menschen in meiner Umgebung unterstützten mich in diesem Gefühl nur weiter, alle ergriffen meine Partei. Vor allem, weil er seinen Entschluss auf eine so feige, unmenschliche Art und Weise mitgeteilt hatte. Vor fünf Jahren eine große kirchliche Trauung – und dann ein paar kurze Schlusszeilen per E-Mail.

Anfangs war mir das Mitleid, das mir entgegengebracht wurde, sehr angenehm. Es war ja seine Schuld – er war untreu gewesen, nicht ich. Ich befand mich auf dem besten Weg, ein leidendes Opfer zu werden. Aber im Laufe der Zeit begann ich einzusehen, dass ich trotz allem einen deutlichen Anteil an dem Vorgefallenen hatte.

Erstens hatten wir geheiratet, obwohl ich nicht richtig verliebt war. Ich hatte gehofft, dass meine Liebe wachsen und so groß werden würde wie die seine. Doch als das nicht geschah, begann ich mir ein eigenes Leben zu schaffen, aus dem ich ihn unbewusst ausschloss. Da ging es um mich und meine Arbeit, um meine Freundinnen und um meine Reisen auf eigene Faust. Wenn ich es mir überlege, war ich wirklich ziemlich egozentrisch und vergaß zum Teil, dass ich einen Mann hatte, der mich liebte und sich nach Verbundenheit sehnte.

Im selben Augenblick, in dem ich meinen eigenen Anteil an der Scheidung entdeckte, ließen meine Ängste nach, und ich hörte endlich damit auf, mich selbst zu bemitleiden. Ehrlich gesagt war es ja mein Mann, der am meisten gelitten und endlich einen eigenen Ausweg aus seiner Enttäuschung gefunden hatte – eine neue Frau, die ihn um seiner selbst willen liebte.

Als ich endlich meinen eigenen Anteil sah, was wirklich nicht einfach war, begann ich einzusehen, was ich an mir selbst ändern musste. Ich sah ein, dass ich auf dem besten Weg gewesen war, unerträglich selbstzufrieden zu werden.

Es kommt immer noch vor, dass manche Bekannte mir sagen, mein Mann habe sich ihrer Ansicht nach schlecht benommen. Und wenn ich dann antworte: ›Das habe ich verdient‹, sehen sie meistens leicht schockiert aus.

Ich hatte großen Anteil an der Entwicklung. Und das sah ich erst ein – als es fast zu spät war...«

VORLÄUFIG... EIN FIASKO...

»Wenn wir
mit uns
selbst wetteifern,
bekommen wir
eine sinnvolle
Perspektive...«

Im Sommer 2001 entwickelte sich das Turnier von Wimbledon zu einem ungewöhnlichen, historischen Ereignis. Der Engländer Tim Henman war der eindeutige Favorit und marschierte von Sieg zu Sieg. Endlich würde England einen *englischen* Sieger in Wimbledon haben, etwas, das seit 1931 nicht passiert war.

Der kroatische Tennisspieler Goran Ivanisevic war auch für das Turnier gemeldet. Er hatte im Jahr zuvor zwar das Finale erreicht – aber verloren. Danach hatte er ein sehr schlechtes Tennisjahr gehabt und eine so genannte »Wildcard« beantragen müssen, um überhaupt teilnehmen zu dürfen. Alle waren sich einig – als Tennisspieler war Goran Ivanisevic am Ende. Dass ihm eine Wildcard bewilligt worden war, hatte er nur seiner Begabung und seinen Siegen aus vergangenen Zeiten zu verdanken.

Während sich das internationale Publikum in Wimbledon nach Tim Henman heiser schrie, erschien Goran Ivanisevic zu seinem ersten Match auf dem Spielfeld. Er schien so unterlegen, dass die meisten allein schon seinen Versuch als peinlich empfanden. Doch das Wunder geschah. Goran überraschte alle und spielte plötzlich Tennis wie früher, er gewann Spiel um Spiel, bis das Halbfinale gegen den Favoriten Tim Henman anstand. Ein Spiel, das dreimal innerhalb von vierundzwanzig Stunden wegen anhaltenden Regenwetters unterbrochen wurde. Henman lag klar in Führung, und ganz Wimbledon kochte vor nationalem Fieber.

Alle schrien und feuerten Henman an, und der arme Goran schien keine Chance zu haben. Die Einzigen, die jedes Mal, wenn Goran einen Ball gewann, laut jubelten, waren sein Vater und eine Schar angereister Kroaten.

Dann geschah das Unerwartete. Das Spiel wurde ein weiteres Mal wegen des Regens abgebrochen und auf den nächsten Tag verschoben. Dem Publikum war das egal. Es hatte den Sieger bereits erkoren, sein Name war Henman, und er führte mit gutem Abstand.

Am nächsten Tag kam es zur Sensation. Gorans Unterlegenheit verschwand immer mehr. Zwischen den Bällen wandte sich der hart kämpfende, originelle Kroate an den Himmel, sprach mit Gott und betete zu ihm – ganz offen und ungeniert. Als Ivanisevic den Matchball verwandelte, lag über Wimbledon eine fast unheimliche Stille. Ein dumpfes, bedrohliches Schweigen, bevor der Jubel ausbrach.

Goran Ivanisevic hatte das Halbfinale über Tim Henman gewonnen, der in Führung gelegen hatte, Engländer war und den Heimvorteil und Millionen von Anhängern hinter sich hatte.

Goran – der nur mit seinem Trainer und seinem herzkranken Vater angereist war, der in einem kleinen Hotelzimmer wohnte, jeden Abend seine Tenniskleidung selbst wusch und sich mit einer Wildcard ins Turnier geschlichen hatte – hatte gesiegt! Nicht nur über Tim Henman, sondern auch über sich selbst und seine absolute Unterlegenheit.

Ein fast ekstatischer Goran riss sich das Tennishemd vom Leib, warf sich auf die Erde und dankte dem Schicksal, seinem Vater und Gott.

Am nächsten Tag spielte er gegen den Australier Pat Rafter im Finale und – endlich! Er hatte in Wimbledon gewonnen!

Die Tenniswelt wusste nicht aus noch ein, und alle versuchten sich zu erklären, warum ein Spieler, auf den niemand gesetzt hatte, nach einem so erfolglosen Tennisjahr und einer so vollkommenen Unterlegenheit es geschafft hatte, den begehrten Pokal und den Titel zu gewinnen.

Goran und Tim Henman wurden in diesem Jahr Symbole dafür, dass nichts so ist, wie es aussieht – bevor das Spiel und der Kampf vorbei sind! Der favorisierte Spieler schied aus, und der erwartete Verlierer wurde zum größten Sieger des Tennisjahres!

Scharen von Sportpsychologen und Analytikern

versuchten zu erklären, warum Goran sich so gar nicht um seine schlechte Ausgangsposition geschert hatte. Warum er einfach die Zähne zusammengebissen, den Blick nach innen gerichtet und sich auf eine einzige Sache konzentriert hatte – auf sein Können und seinen fast übermenschlichen Siegeswillen. Ein Wille, der ihm alle Angst nahm und ihn stärker machte als alle seine Gegner. Ein Wille, der sich nicht darum scherte, dass das Publikum seinen Gegner anfeuerte. Ein Wille, der ihm sowohl eiskalte Konzentration verlieh als auch heißen Mut.

Ein Wille, der ihn wissen ließ, dass das Spiel in erster Linie um ihn selbst ging. Keine Sekunde lang ließ er sich von den Misserfolgen des vergangenen Jahres, von den Niederlagen und vernichtenden Kritiken aufhalten. Er – und nur er selbst – wusste, dass er wesentlich besser war als seine letzten Ergebnisse, und in ihm entstand der hartnäckige Wunsch, sich zu revanchieren und es der ganzen Welt zu zeigen.

Hätte er auf die Kritiker gehört, dann hätte er das erste Spiel verloren und seine Taschen gepackt, wäre nach Kroatien zurückgefahren und einer der zahlreichen vielversprechenden Namen der Tennisgeschichte gewesen, die nie in Wimbledon gewannen.

Stattdessen fuhr er nach Hause zu dem vielleicht größten Triumphzug des neuen Kroatiens, wo die Festlichkeiten für den neunundzwanzigjährigen Goran viele Tage lang anhielten.

»Als ich am letzten Tag des Finales den Platz betrat,

wusste ich, dass es dies war, um das ich mein Leben lang gekämpft hatte. Ich wusste auch, dass ich nächstes Jahr mehr oder weniger zu alt sein würde. Es war jetzt oder nie, und ich beschloss mental, dass es nur eine einzige Sache gab – nämlich zu gewinnen…«, erklärte ein überglücklicher Goran.

Diese Herausforderung und dieses Spiel wurden zu einer Demonstration von Selbstüberwindung – und von glänzendem Tennisspiel.

Wenn wir selbst eine Niederlage erleiden, glauben wir gern, das sei etwas Definitives und Endgültiges. Etwas, was sich nicht ändern lässt.

Die meisten Niederlagen haben jedoch andere für uns ausgesucht. Unsere Kritiker und Verleumder sagen, dass wir nichts taugen, und das tun sie so überzeugend, dass wir kündigen, abtreten, verzichten, uns scheiden lassen, verschwinden und wegziehen.

Aber keine Niederlage oder unterlegene Position währt ewig oder betrifft die gesamte Zukunft. Vor allem du selbst bestimmst, ob eine Niederlage alles zunichte machen soll, wofür du gekämpft hast – oder ob sie eine neue, unerwartete Ausgangsposition bilden wird! Ein Neuanfang und eine Revanche, in der du zeigst, was wirklich in dir steckt.

David Lega aus Göteborg, achtundzwanzig Jahre alt, ist mit einer tragischen, sehr schweren Behinderung auf die Welt gekommen. Seine Beine sind nur zu knapp dreißig Prozent beweglich, und auch den Rest seines Körpers kann er wegen einer ungewöhnlichen Muskelerkrankung nicht normal bewegen. Sein brillanter Intellekt und seine einzigartige sprachliche Begabung stellen dagegen vieles in den Schatten. David Lega beschloss schon früh, trotz Rollstuhl und der Abstempelung als Schwerstbehinderter, dass sein Leben »ein verdammt gutes Leben« werden sollte. Gegen alle Erwartungen lernte er schwimmen und nahm später auch an Schwimmwettkämpfen teil. Als ich ihn bei einem Seminar in Göteborg traf, erzählte er mir:

»Eigentlich konnte ich nicht schwimmen. Es war, als hätte man einen Klumpen ins Wasser geworfen, an dem nur die Beine sehr eingeschränkte, langsame Bewegungen ausführen konnten. Aber ich hatte von einem Jungen in England gehört, der genauso schwer behindert war wie ich selbst, und der konnte es. Er konnte schwimmen. Er inspirierte mich – obwohl alle, bis auf meine Eltern, mir abrieten. Wenn er das kann, kann ich es auch, dachte ich und weigerte mich aufzugeben.«

1998 wurde David in Neuseeland Weltmeister im Behindertenschwimmen. Inzwischen ist er Jurist, ein gefragter Redner und Autor, und er hat eine Freundin. Er erklärt das so:

»Ich habe früh eingesehen, dass ich in erster Linie mit mir selbst wetteifern muss. Wenn wir mit uns selbst wetteifern, erhalten wir eine sinnvolle Perspektive. Mein hartnäckiger Kampf mit mir selbst führte mich von Erfolg zu Erfolg. Hätte ich mich mit einem der großen, nicht behinderten Weltmeister verglichen, wäre ich wahrscheinlich in Tränen ausgebrochen, hätte mich selbst bedauert und einen neuen Rollstuhl bestellt.

Ich rate allen Menschen – mit oder ohne Behinderung: Wetteifere immer mit dir selbst, anstatt dich in den Schatten der Giganten zu stellen. Das ist ein realistischer Wettkampf, und dabei geht es natürlich nicht nur um Sport, sondern um das Leben, unsere Träume und unsere Ziele«, sagte David.

Vor allem wir in Schweden nehmen einen zufälligen Misserfolg dauerhaft so schwer und ernst, dass wir uns oft beschämt in eine Ecke stellen und all das vergessen, was wir immer noch können, anstatt einen neuen Versuch zu starten.

Giuseppe Verdi – einer der größten Opernkomponisten der Musikgeschichte – war zum Glück Italiener und hatte dadurch eine etwas optimistischere Sicht auf zufällige Misserfolge und Niederlagen. Eine seiner bekanntesten, beliebtesten und meistgefeierten Opern ist *La Traviata*, ein Werk, das die Menschen schon immer gefesselt und fasziniert hat. Wir gehen wie selbstverständlich davon aus, dass diese Oper von Anfang an ein Erfolg gewesen sein muss. Das Gegenteil war der Fall.

An einem schönen Frühlingstag im Jahr 1853 wurde *La Traviata* in Venedig uraufgeführt. Ganz Europa war zu der festlichen Premiere gekommen, und die Kritiker ließen sich mit frisch gespitzten Federn im Zuschauerraum nieder. Die Erwartungen an den bereits gefeierten vierzigjährigen Verdi waren groß. Aber irgendetwas ging von Anfang an schief, und schon bald begann das Publikum, das Werk auszubuhen, Tomaten zu werfen, aufzustehen und zu verschwinden oder – was noch schlimmer war – laut zu lachen.

Es war eine Niederlage auf ganzer Linie. Erschüttert verließ Verdi das Theater und begab sich in sein Hotelzimmer. Dort setzte er sich in aller Ruhe hin und schrieb einen Brief an seinen guten Freund und Kollegen, den Dirigenten Mariani. Der Verfasser dieses Briefes war jedoch keineswegs ein gebrochener Mann, sondern ein großer Komponist, der keinen Moment lang an *La Traviata* und an der Zukunft dieser Oper zweifelte.

In gutem italienischen, optimistischen Geiste schrieb er Folgendes:

»Lieber Freund. Das Schlimmste ist eingetroffen. Das Publikum hat gebuht und gelacht. Aber sowohl ich als auch *La Traviata* werden wiederkommen, und dann werden wir sehen, wer Recht behält. Vorläufig aber, lieber Freund... notiere ein Fiasko... aber nur vorläufig...«

Ein Jahr später hatte *La Traviata* im selben Theater im selben Venedig noch einmal Premiere. Die Fahnen flatterten in der milden Brise. Wiederum war ganz Europa versammelt. Diesmal wurde die Vorstellung ein großer Erfolg. *La Traviata* hatte ihren Siegeszug um die Welt angetreten, an allen Generationen vorbei.

»Notiere vorläufig ein Fiasko... aber nur vorläufig...«

DIE PHILOSOPHIE
DER VERÄNDERUNG

*»Unglaublich, aber
er ändert sich nie!«*

Silvesterabend. Die Stimmung ist auf dem Höhepunkt. Musik und Gelächter, Tanz, Raketen, sorgloser Taumel. Die Uhr schlägt zwölf, und die Luft ist voller Vorsätze, alles anders zu machen und ein neues Leben anzufangen.

Silvester. Wir versprechen uns selbst und anderen, dass wir uns ändern wollen. In diesem Jahr wird all das stattfinden, was im vergangenen Jahr und im Jahr davor nicht stattgefunden hat. Denn dies ist ja ein neues Jahr.

Im Freudenrausch begrüßen wir das neue Jahr und teilen unseren Freunden unsere Pläne mit, was in unserem Leben alles anders werden soll. Aber bereits nach ein paar Wochen kommt der Kater angeschlichen, worauf die meisten seufzen:

»Wie konnte ich nur glauben, dass sich irgendwas verändern würde? Alles ist doch genauso trübselig und langweilig wie immer – wie im vergangenen Jahr...«

Wieder einmal sind wir dem Selbstbetrug auf den Leim gegangen. Nun sitzen wir mit verschränkten Armen da und warten auf eine Veränderung, die sich nicht einstellt. Und warum?

Die Antwort ist einfach. Beinahe jeder wünscht sich eine Veränderung – für die aber andere Menschen verantwortlich sein sollen. Nicht wir selbst. Andere sollen sich so verändern, dass wir in den Genuss ihrer Bemühungen kommen.

»Wenn mein Mann das ändern würde ... Wenn doch bloß meine Kinder das ändern würden ... Wenn mein Chef das ändern würde ...«

Wir wissen ganz genau und detailliert, was andere verändern müssten – vergessen und verdrängen dabei aber allzu oft, dass wir selbst stillstehen, statisch bleiben, während wir über die Beharrlichkeit anderer Menschen lächelnd den Kopf schütteln:

»Unglaublich, er ändert sich nie! So ein Dickkopf!«

Warum fällt es uns so schwer, uns selbst zu ändern? Warum verteidigen wir so beharrlich unser Recht, unbeweglich zu bleiben und immerzu etwas zu wiederholen, das uns schadet und unser Leben an jeglicher individueller Entwicklung hindert?

Wir warten darauf, dass andere Menschen sich ändern. Wir warten auf große äußere Ereignisse, die uns vorspiegeln, eine innere Veränderung habe stattgefunden.

Wir selbst dagegen bleiben regungslos stehen, mit einer ordentlichen Schicht Klebstoff unter den Schuhen – während die Erde sich ein Stück weiterdreht und den Blickwinkel ein wenig verschiebt.

Wir alle suchen Veränderungen. Geduldig warten wir darauf und werden allzu oft enttäuscht.

Leider ist es sinnlos, darauf zu warten, dass andere Menschen sich ändern. Überhaupt ändern sich nur äußerst wenige erwachsene Menschen – und wenn sie es tun, muss das noch lange nicht zu deinem Vorteil sein.

Aber wenn du selbst dich veränderst, werden auch das Leben, die Welt und die Menschen in deiner Umgebung anders werden.

Kaum machst du selbst die allerkleinste Veränderung durch, entsteht in deiner Umgebung automatisch eine große Veränderung.

Diese Tatsache ist natürlich genauso einfach und mathematisch selbstverständlich wie kompliziert. Man weiß, was man hat, aber nicht, was man bekommt.

Du willst dich ändern – befürchtest aber gleichzeitig, dass die Umwelt dich nicht so akzeptieren wird, wie du geworden bist. Denn trotz allem ist es, so wie es ist, ganz erträglich, ganz okay.

Sich zu ändern, das bedeutet auch Anstrengung und Mühe. Das ist ungewohnt, strapaziös. Gewohnheiten und wiederholte kleine Muster haben sich unauslöschlich in unser Leben geschlichen. Du glaubst, das alles seist du selbst – doch in Wirklichkeit ist das alles nur eine Anhäufung von Wiederholungen, auf denen du dich ausruhst.

Jedes Mal, wenn du deine Möglichkeit abwürgst, dich zu verändern und zu entwickeln, hältst du auch das Geschehen als solches an. Du erfährst nicht, was passiert wäre, wenn du tatsächlich einen neuen Weg ausprobiert hättest – eine neue Methode – ein neues DU.

Eine Veränderung. Ein neues Ich!

EIN TROMPETENSTOSS MITTEN HINEIN INS GRAUE EINERLEI

»Wer will schon
ein Leben lang
denselben Flickenteppich
unter den Füßen haben?
Wir brauchen
Überraschungen...«

Jede Veränderung schmerzt, aber überhaupt keine Veränderung schmerzt noch mehr... Du stehst in deinem eigenen Universum und siehst schließlich ein, dass nur du selbst dich ändern kannst, als Mitmensch, Liebespartner, Mutter, Vater, Kollege, Großmutter oder Großvater – oder als Freund oder Freundin.

Aber dennoch – das wirkt so anstrengend und unangenehm, und vielleicht ist es trotz allem schmerzhaft –, womöglich wird man ausgelacht? Vielleicht macht man sich lächerlich?

In einem dichten Gestrüpp aus Einwänden vergessen wir leicht, was für ein spannendes Abenteuer es ist, ein neuer Mensch zu werden. Es ist, als würde man auf der eintönigen Autobahn plötzlich anhalten und auf eine unbekannte Nebenstrecke abbiegen. Da liegt das Meer – blau und spiegelblank. Es duftet nach Tang und nassem Sand. Ein Segelboot schwebt still in den Sonnenuntergang hinein, und vor lauter Glück muss man tief Luft holen! Dass das Leben so anders sein kann, nur weil man für einen kurzen Moment die monotone, schnurgerade Bahn verlassen hat! Lachende Kinder – Seevögel, die sich als weiße Striche am Himmel abzeichnen.

Plötzlich ist das Leben schön und duftet wieder nach Wirklichkeit.

Wir wollen uns alle verändern. Wir können das Gewebe des Lebens nicht ein ganzes Dasein lang mit ein und demselben Faden, demselben Farbton und demselben Muster weben. Wir müssen aufbrechen – und unterbrechen.

Wer will schon ein ganzes Leben lang denselben Flickenteppich unter den Füßen haben? Wir brauchen Kontraste, Überraschungen und neue Farben! Feuerrote Seide, orientalisches Gold und italienisches Azurblau, vermischt mit der schwedischen sonnengebleichten Baumwolle.

Manchmal kann eine scheinbar einfache kleine Veränderung zu einem unerwartet großen, entscheidenden Ergebnis führen. Wie ein Trompetenstoß im täglichen grauen Einerlei.

Björn erzählt, seine Scheidung habe ihm so sehr zugesetzt, dass er fast zum Alkoholiker geworden wäre. Er suchte einen Arzt auf und bat ihn um Hilfe. Der Arzt wollte wissen, worüber Björns Frau sich vor der Scheidung am meisten beschwert habe.

»Dass ich nie ›Ja‹ und ›Geht in Ordnung‹ sagte, wenn sie etwas vorschlug. Dass ich immer als Erstes ›Nein‹ sagte und alles analysieren wollte. Dass ich anderen Menschen gegenüber misstrauisch und ablehnend eingestellt war.«

»Sind Sie bereit, sich zu ändern?«, fragte der Arzt.

»Ich bin zu allem bereit – auch wenn ich meine Frau nicht zurückbekommen kann.«

»Dann sollten Sie damit anfangen, zu anderen Menschen ›Ja‹ und ›Okay‹ zu sagen. Übertreiben Sie das Ganze ruhig, selbst wenn es Ihnen widerstrebt. Sagen Sie ›Ja‹ – auch wenn Sie ›Nein‹ meinen. Als Erstes sollten Sie Ihre negativste Angewohnheit ändern.«

Björn stand diesem Vorschlag eigentlich sehr skeptisch gegenüber – er hatte seine eigene Situation aber dermaßen satt, dass er beschloss, es zu versuchen.

Ganz gleich, was die Leute zu ihm sagten, antwortete er mit einem neuen, befreiten Lächeln:

»Ja! Das klingt gut. Das ist okay!«

Björn wusste, dass er manchmal »log« und gegen seine eigene Überzeugung sprach, doch das Resultat war so verblüffend, dass er das Experiment fortsetzte. Sowohl seine Freunde als auch seine Kinder und Kollegen begannen sich zu fragen, was da wohl passiert sein mochte. Seine Tochter, ein Teenager, sah ihn an und stellte erstaunt fest:

»Du bist in letzter Zeit ja richtig nett.«

»Wie meinst du das?«, fragte Björn leicht amüsiert.

»Na ja – jetzt scheinst du meine Ideen gut zu finden. Du kapierst irgendwie, was ich meine, und wirkst immer gut gelaunt. Früher warst du immer sauer.«

Als Björn seinem Arzt von diesen gelungenen Ergebnissen erzählte, sagte dieser:

»So ist es tatsächlich. Ein einziges kleines Wort kann das Leben manchmal ganz entscheidend beeinflussen. Inzwischen bejahen Sie andere Menschen – anstatt sie klein zu machen und zu enttäuschen. Man kann immer zuerst ›Ja‹ sagen, auch wenn man Einwände hat. Ein ›Nein‹ dagegen lässt sich fast nie zurücknehmen.«

»Mich wundert besonders, dass alle Menschen so anders sind – so viel netter als früher«, sagte Björn.

»Weil Sie sich selbst geändert haben, haben Sie bei den Menschen in Ihrer Umgebung auch eine Veränderung bewirkt«, erklärte der Arzt.

Wenn wir über eine menschliche Veränderung sprechen, denken wir oft an große innere philosophische und psychologische Veränderungen. Am liebsten würden wir in eine mentale Dusche treten und frisch gewaschen als neue, bessere Menschen herauskommen.

Dabei müssen Veränderungen nicht unbedingt groß und philosophisch sein. Jede Veränderung ist besser als gar keine, wenn man das Gefühl hat, dass alles stagniert. Man kann ein neues Leben sehr gut zuerst mit äußeren Veränderungen in Angriff nehmen, um überhaupt in Gang zu kommen. Dieses Verfahren ist keineswegs so oberflächlich und eitel, wie es den Anschein hat.

Natürlich kann es wie sinnlose Koketterie wirken, wenn man Frisur, Kleider, Make-up und Brille ändert, obwohl man eigentlich sein Leben ändern will. Aber die äußerlichen Details bilden vielleicht die gar nicht so unwichtige Ouvertüre zur Symphonie der großen mentalen Veränderung. Außerdem leben wir in einer Gesellschaft, in der die äußere Verpackung wichtiger ist denn je. Das veränderte Äußere kann ganz einfach neue Türen öffnen und ein Startschuss sein.

Man setzt sich mit dem Alten, dem Eingefahrenen und Gewohnten auseinander, schaut in den Spiegel und sieht tatsächlich einen ganz neuen Menschen.

Äußerlich gesehen hat man zwar nur eine neue Frisur und eine neue Brille – aber im Innern hat endlich ein neuer Prozess begonnen. Die äußere Veränderung dient als tägliche Erinnerung daran und als psychologische Schützenhilfe.

Man ist aus seiner mentalen Konservendose herausgestiegen.

REUE UND GRAM

*»Schließe Frieden mit
dir selbst.
Schließe den Kreis
zwischen damals
und jetzt...«*

Das Leben vieler Menschen wird durch Reue und Gram verdunkelt, zerstört und vernichtet. Wir erinnern uns daran, wie wir den Zug verpasst haben, ohne zu begreifen, warum. Und wie konnten wir so dumm sein und etwas ablehnen, was wir nachträglich als große Chance erkannt haben – als die vielleicht größte unseres Lebens?

»Wenn ich bloß nicht... Warum habe ich das nicht begriffen... Warum sagte ich damals Nein – obwohl ich eigentlich Ja meinte? Warum habe ich ihn/sie gewählt, obwohl ich eigentlich jemand anders haben wollte... Warum brach ich meine Ausbildung ab... Warum war ich nicht zur Hand, als ein geliebter Mensch mich brauchte... Warum bin ich nicht ins Ausland gezogen, als ich die Möglichkeit hatte?«

Die Liste kann beliebig lang fortgesetzt werden. Wir bereuen. Wir grämen uns. Doch das alles ist eine sinnlose Beschäftigung. Heute bist du nicht derselbe

Mensch wie damals, als du das getan hast, was du heute bereust.

Dennoch liefern wir uns ständig dem Bedauern, der Reue und dem Gram aus.

»Wenn das Wörtchen ›wenn‹ nicht wäre, wäre mein Leben heute anders.«

Doch das stimmt nicht. Du hast damals auf eine gewisse Art gehandelt – weil du damals nicht derselbe Mensch warst, der du heute bist. Du hättest nicht anders handeln können – weil du damals noch nicht anders warst.

Daher ist es sinnlos und quälend, sich selbst rückwärts gerichtet anzuklagen und Taten mit Schuld zu belegen, die begangen wurden, als die heutige Einsicht und Erfahrung noch fehlten. Wenn wir nachträglich die Vergangenheit bereuen, hindern wir uns selbst auch daran, nach vorn zu schauen und uns um unsere Zukunft zu kümmern. Stattdessen starren wir in einen verschwommenen Rückspiegel, der vereist, zugerostet und gesprungen ist. Was wir dort sehen, sind verzerrte Erinnerungsbilder. Die Zeit täuscht uns vor, dass wir damals anders hätten handeln können und müssen.

Besonders schwer wird diese Situation für Menschen, die sich schuldig fühlen und bereuen, nicht mehr getan zu haben, um beispielsweise Mitmenschen aus schwierigen Lebenslagen zu retten.

»Wenn ich nur begriffen hätte, wie krank er war. Wenn ich ihn nur rechtzeitig zum Arzt geschickt hätte. Wenn ich nur verstanden hätte, dass mein Sohn Drogen nahm... dass meine Freundin keine Kraft zum Weiterleben mehr hatte...«

Doch nein – wir hätten zum damaligen Zeitpunkt nichts verhindern können – auch wenn das, was wir gestern hätten tun können oder sollen, heute selbstverständlich wirkt.

Oder all jene, die damals den »falschen« Lebenspartner wählten – und jetzt nicht begreifen können, wie das möglich war.

»Warum habe ich nicht gleich gesehen, was für ein Halunke er war? Warum merkte ich nicht, dass ich ausgenutzt und betrogen wurde? Wie konnte ich nur so dumm sein?«

Du warst nicht dumm. Du warst damals ein anderer Mensch und hattest ganz andere Erfahrungen und Bedürfnisse als heute. Außerdem glaube ich nicht, dass du betrogen wurdest. Mit den Scheidungspapieren in der Hand kommt es dir vielleicht so vor. Aber überlege genau – vermutlich hast du damals genau diese Erfahrung gebraucht, um dich als Mensch und Lebenspartner zu entwickeln.

»Eine viel zu harte und schreckliche Erfahrung«, sagst du verbittert, und schon beginnen Reue und Gram sich wieder an dein Herz und Gehirn heranzumachen.

Schließe Frieden mit dir selbst. Schließe den Kreis zwischen damals und jetzt. Wir alle begehen Irrtümer und treffen die falsche Wahl. Aber nicht, um es hinterher zu bereuen – sondern weil wir etwas lernen und uns weiterentwickeln sollen.

Es tut gut, zu wissen und einzusehen, dass wir oft gar keine andere Möglichkeit hatten, als so zu handeln, wie wir es taten. Zwar hast du selbst den Beschluss gefasst – aber damals warst du nicht derselbe Mensch, der du heute bist. Du hast jedenfalls versucht, es so gut wie möglich zu machen. Und das genügt.

Schließe Frieden mit der Vergangenheit. Wenn wir ständig nach hinten schauen, wird die Sicht nach vorn automatisch verstellt.

Es fährt immer wieder ein neuer Zug. Und heute fahren sie schneller als gestern ...

HALTE DIE WUNDEN SAUBER

»Es sind nicht immer
die tiefsten Wunden,
die am meisten schmerzen ...«

Der Erste Weltkrieg. Ringsum in Europa fielen Millionen von jungen Soldaten. Wenn wir heutzutage in den Geschichtsbüchern über ihren Tod lesen, gehen wir davon aus, dass sie Opfer von Schusswunden, Granatsplittern und Kanonenkugeln wurden. Sie starben für ihr Vaterland. Sie fielen durch eine Kugel in einem grausamen, brutalen Krieg.

Doch als die medizinische Wissenschaft die tatsächliche Todesursache sehr vieler Soldaten zu untersuchen begann, kam man zu der Einsicht, dass die Schusswunden in vielen Fällen relativ harmlos und nicht eigentlich lebensbedrohlich gewesen waren. Viele Verwundete hätten überleben können, wenn man gewusst hätte, wie man die Wunden und Verletzungen hätte sauber halten können – wenn sie mit dem heutigen Wissen über Hygiene und mit vorbeugenden krankenpflegerischen Maßnahmen behandelt worden wären.

Heute wissen wir, dass selbst eine kleine Wunde, die nicht sauber gehalten wird, sondern mit Bakterien, schmutzigen Verbänden und Verunreinigungen in Berührung kommt, zu Entzündungen, Blutvergiftung, Wundbrand und zum Tod führen kann. Zumindest zur Zeit des Ersten Weltkrieges, als es weder Antibiotika noch Impfungen gegen Wundstarrkrampf gab.

Die Feldlazarette wurden überschwemmt von verwundeten Soldaten und Bakterien – Hunger, Kälte und Ungeziefer breiteten sich aus. Die Wunden wurden nicht sauber gehalten.

Eine frische Wunde, die trocken und sauber gehalten wird, heilt oft rasch.

Wenn uns seelische Wunden zugefügt werden, verhalten wir uns jedoch oft so, als wären wir verwundete Soldaten im Jahr 1914 an einer Kriegsfront in einem fremden Land. Wir sind verletzt, wir bluten und pressen den erstbesten Lumpen auf die Wunde, um den Schmerz und die Blutung zu lindern. Wir denken nicht darüber nach, ob der Lumpen sauber ist oder nicht. Wir lassen zu, dass die erste Wunde die nächste ansteckt. Niemand nimmt sich die Zeit, die urspünglich kleine Wunde sauber zu halten und dafür zu sorgen, dass sie in aller Ruhe heilen darf.

Die Wunden der Seele und des Herzens müssen genauso sauber gehalten werden wie akute Schussverletzungen. Wir müssen lernen, uns auf die Wunde und die Verletzung zu konzentrieren und damit richtig umzugehen, bevor Entzündungen und Vereiterungen hinzukommen. Auch wenn das, was passiert ist, so heftig schmerzt, dass wir es kaum ertragen, müssen wir uns dennoch konzentrieren und einsehen, dass Tiefe und Größe der Wunde vielleicht nicht so schlimm sind, wie wir zuerst annahmen. Es sind nicht immer die tiefsten Wunden, die am meisten bluten.

Wir müssen uns noch einmal konzentrieren und die Wunde säubern und desinfizieren und einsehen, dass die Wunde als solche nicht tödlich ist. Das, was uns zugestoßen ist, mag an und für sich schrecklich, tragisch und scheinbar unüberwindlich sein – aber dennoch muss die Wunde sauber gehalten und vor allem nicht mit anderen Verletzungen in Berührung gebracht werden.

Wenn Unglück und Tragödien uns heimsuchen, legen wir gern sämtliche Sorgen in ein und denselben Topf, rühren um und kommen zu dem Schluss, dass das Leben nicht mehr lebenswert ist.

In solchen Fällen entsteht leicht ein emotionaler Kurzschluss, und man glaubt, alles Unglück würde gleichzeitig über einen hereinbrechen.

Lieber sollten wir uns darauf konzentrieren, dass die eine Wunde, die uns umgeworfen hat, auch jene ist, die erst einmal in aller Ruhe heilen muss. Danach können wir uns mit Schnupfen, Erkältung, Freunden, Feinden und verständnislosen Kollegen auseinander setzen.

Streng genommen ist das Leben zeitweise für alle Menschen hart und ungerecht. Der einzige Trost ist, dass letztendlich alles vorübergeht. Falls wir die Wunde sauber halten und nicht daran herumfummeln und kratzen.

Statistisch gesehen werden die meisten Menschen irgendwann den Tod enger Freunde und naher Angehöriger betrauern müssen – da dies ein natürlicher Teil eines Menschenlebens ist. Immer mehr Menschen werden außerdem Scheidungen, Krankheiten, Konkurse, Versetzungen, Arbeitslosigkeit und Depressionen erleben. Dann kommt es darauf an, ein Unglück nach dem anderen anzupacken und nicht alles über Bord zu werfen, was immer noch stabil, wertvoll und voller Liebe und Lebensfreude ist.

Akzeptiere das Unglück – aber sorge dafür, dass alles um das Geschehene herum sauber gehalten wird. Gib dem Unglück die Trauerzeit, die es braucht – und sei froh, dass eine saubere Wunde immer gut heilt.

GIB DEM WIDERSTAND
KEIN FUTTER

»Entweder stolpert man
über das Bein,
das der Widerstand einem
hinterhältig gestellt hat, oder man geht
direkt auf sein Ziel und seine Pläne zu...«

Jeder von uns hat schon Widerstände erlebt. Oft stellt sich der Widerstand genau dann ein, wenn der Gedanke zu irgendeiner Handlung entsteht.

Sogar das tägliche Aufstehen am Morgen enthält einen gewissen Widerstand – obwohl wir beschlossen haben, es zu tun, und wissen, dass wir es tun werden. Wir bleiben gern im Bett liegen und malen uns aus, wie es wäre, wenn wir in die Kissen und die Wärme zurücksinken, zum Telefon greifen und uns bei unserem Arbeitgeber krankmelden könnten. Doch nein, das geht natürlich nicht – also brechen wir den Widerstand und hüpfen unter die Dusche. Der Tag hat angefangen.

Dies ist nur ein Beispiel für die vielen rituellen Widerstände, die wir täglich überwinden, ohne auch nur daran zu denken, dass wir gegen einen Widerstand kämpfen.

Komplizierter sind die wirklich großen Widerstände – wenn es darum geht, das zu tun, was wir wirklich wollen, wir es aber weder wagen noch es uns zutrauen. Gehindert werden wir von Scham, Angst, mangelndem Selbstvertrauen, blanken Nerven und einem Schwarm nervöser Schmetterlinge im Bauch, die uns schließlich endgültig aufhalten.

Dies ist ein Beispiel dafür, wie sehr wir es dem Widerstand gestatten, unsere Ziele und Pläne zu überschatten. Ohne daran zu denken, füttern wir diesen Widerstand täglich mit unserer ganzen Energie, anstatt diese Energie für Taten aufzusparen.

Beende die Konzentration auf den Widerstand, und übertrage lieber alle Energie auf dein Ziel und deinen Plan.

Du hast vielleicht schon lange vorgehabt, eine bestimmte Person anzurufen – wagst es aber nicht. Du sagst dir: Zuerst muss ich im Gleichgewicht sein, ich muss die richtige Stimmung haben, und eine gewisse Selbstsicherheit brauche ich auch – und dann verstreicht die Zeit, die Tage vergehen, und du wirst immer nervöser. Bald ist so viel Zeit vergangen, dass du nicht mehr anrufen kannst. Es wird zu spät sein, und die andere Person wird dich nicht verstehen, und du wirst dein Anliegen vergessen haben.

Dies ist typisch dafür, wie man täglich seine ganze Energie auf die irrationalen Gefühle des Widerstands richtet, anstatt sich nur auf eine einzige Sache zu konzentrieren: die Nummer zu wählen und anzurufen. Du musst deine Energie auf den Willen und das Ziel richten, nicht auf die Gefühle, die dich hindern.

Frage dich immer, woran es wohl liegt, wenn du etwas nicht tust, was du willst, planst und wünschst. Frage dich, ob du den Widerstand mit nützlicher Energie fütterst – anstatt sie auf das Ziel zu richten, das du erreichen willst.

In London bin ich Jack Hemingway begegnet, der folgende Anekdote über seinen Vater erzählte, den großen Autor, Abenteurer und Jäger Ernest Hemingway:

»Ich habe meinen Vater wirklich bewundert und wusste, dass es ein Privileg war, mit ihm als Vorbild aufzuwachsen. Ich hatte nie das Gefühl, in seinem Schatten zu stehen oder seinetwegen Komplexe zu haben. Vielleicht kam das daher, weil er immer so ehrlich und offen war. Als er mir sagte, ich solle nie zögern, sondern immer alles tun, was ich wolle und vorhabe, fragte ich ihn einmal, ob er denn nie Angst habe oder unschlüssig sei.

›Doch, natürlich‹, antwortete er mit seinem berühmten Lachen. ›Ich habe oft Angst – tue aber trotzdem, was ich will! Man kann sich noch so sehr fürchten – und dennoch tun, was man vorhatte. Hauptsache, man hat sich wirklich dafür entschieden! Überspringe deine Unschlüssigkeit, und konzentriere dich auf das Ziel. Greife direkt an. Dann verschwindet die Angst von selbst, ja, sie schafft es nicht einmal zu entstehen.‹«

Natürlich planen die wenigsten von uns ein Leben und eine Heldenrolle wie die von Hemingway, aber dennoch ist es wichtig, eines nie zu vergessen: Was wir uns auch im Leben vornehmen, es existiert daneben immer die Angst vor dem Scheitern und vor der Blamage. Dieses Gefühl teilen fast alle Menschen miteinander. Und trotzdem tun viele, was sie wollen, sie nehmen ihr Leben in die Hand und schaffen damit ihre eigene Zukunft.

Wir müssen uns immer wieder daran erinnern, dass wir die Wahl haben: Entweder wir stolpern über das Bein, das uns der Widerstand hinterhältig gestellt hat – oder wir gehen direkt auf unser Ziel und unsere Pläne zu, trotz aller Widerstände.

Angesichts einer großen, unbekannten Aufgabe spüren wir das Flattern der Schmetterlinge im Bauch. Aber wer sich entschieden hat, führt die Aufgabe trotz der Schmetterlinge aus.

Die anderen setzen sich wieder hin, füttern die Schmetterlinge mit ihrer Angst – und lassen die Träume platzen.

Während die Schmetterlinge sich vermehren und das Kommando übernehmen...

DIE MENTALE PERSPEKTIVE

*»Ich muss einen
kühlen Kopf bewahren.
Ich darf mich nicht
von Panik überwältigen
lassen, ich muss
einen Ausweg finden…«*

James Bond ist nicht für eine besonders große philosophische Begabung berühmt geworden. Wenn er in der Klemme steckt, befreit er sich daraus mit Frechheit, Cleverness, Muskeln und einer Menge elektronischer und digitaler Waffen. Zumindest in den unzähligen Filmen, die über Bond – James Bond – gedreht worden sind.

Der Engländer Ian Fleming, der die Bücher über James Bond schrieb, konzentrierte sich wesentlich mehr auf die mentale Kraft seines Helden und auf seine Fähigkeit, einen kühlen Kopf zu bewahren, nie in Panik zu geraten und auch in den unmöglichsten Situationen einzusehen, dass es trotz allem eine Lösung gibt und dass es die Aufgabe des Menschen ist, diese zu finden. Oder falls das nicht möglich ist – sie zu erfinden.

»Hier gibt es keine Lösung, aber ich werde eine erfinden!«

Auf dieser Basis schuf Ian Fleming seinen Helden, der in den Büchern wesentlich philosophischer daherkommt.

In einem der Bücher ist James Bond soeben in eine ungewöhnlich schwierige Lage geraten. Er steckt in einer Falle, ist fast am Ende, an der Grenze zur Verzweiflung.

James Bond ist verletzt, der Feind hat ihm schwer zugesetzt, die schwere Rolex-Uhr ist zerschmettert. Er blutet aus Nase und Mund und ist in einem endlosen finsteren Tunnel eingesperrt. Er hat keine Waffen, hat jegliche Orientierung verloren. Die Panik kommt angeschlichen. Da denkt James Bond:

»Wie soll ich mich aus dieser Situation befreien? Woher soll ich die Kraft nehmen? Wie soll ich überleben?«

Scheinbar gibt es keine Möglichkeit, zu überleben oder aus der Falle zu entkommen. In diesem Moment denkt James Bond nicht wie ein Superheld, sondern zur Abwechslung einmal wie ein normaler sterblicher Mensch. Erschöpft liegt er in dem Tunnel und denkt:

»Ich muss einen kühlen Kopf bewahren. Ich darf mich nicht von Panik überwältigen lassen, ich muss einen Ausweg finden.«

Kälte und Dunkelheit nehmen zu. Da fällt ihm ein, dass es eine Methode gibt, die er noch nicht ausprobiert hat – eine philosophische Methode. Eine Methode, die darauf hinausläuft, dass man sich selbst in einer Katastrophensituation auf null schaltet. Eine mentale erste Hilfe und ein erster psychologischer Verband.

Er schaltet sich selbst in Gedanken auf null und stellt sich vor, er würde seinen eigenen Körper und seinen aktuellen bedrohlichen Zustand verlassen. In Gedanken befindet er sich in London mitten im pulsierenden Leben und betritt gerade seine Lieblingsbar. Es ist Feierabend, die Leute kommen von der Arbeit und stehen plaudernd mit Gläsern in der Hand zusammen.

Plötzlich betritt er selbst die Bar. Und ein Bekannter erzählt ihm aufgeregt von der Situation, in der er sich gerade befindet.

»Stell dir vor, ich habe gerade von einem Kerl gehört, der verlassen, blutend und geschlagen in einem schwarzen Tunnel lag.«

James Bond hört zu, hebt seinen Dry Martini (geschüttelt) und sagt lässig:

»Ist das besonders erwähnenswert? Das ist doch gar nichts. Bestimmt wurde es doch irgendwann wieder heller im Tunnel, und er konnte hinauskriechen. Man muss einfach immer aufs Licht zukriechen, das habe ich schon oft getan.«

James Bond lag auf dem kalten Boden im Tunnel und »hörte«, was man über ihn und seine Lage sagte. Er hörte zu, als hätten die Stimmen sich über einen anderen unterhalten – einen Nachbarn oder Kollegen. Er hatte sich ganz einfach eine mentale Perspektive auf sein Dilemma verschafft – dadurch, dass er sich auf null geschaltet und in Gedanken seinen eigenen Körper verlassen hatte.

Plötzlich kehrte sein Mut zurück, und sein Gehirn begann an einer Lösung zu arbeiten. Er sah ein, dass es bald hell werden und er sich dann wieder orientieren können würde. Außerdem konnte er in aller Ruhe feststellen, dass er zwar stark blutete, seine Verletzungen aber nicht lebensbedrohlich waren. Trotz allem hatte er Kraft genug, um mit der Situation fertig zu werden. Er biss die Zähne zusammen und dachte beharrlich daran, dass er bald wieder in London sein würde … Bald, sehr bald würde das Leben wieder normal und diese ganze scheußliche Episode nur eine Erinnerung sein …

Dies ist ein interessantes Beispiel dafür, wie eine neue mentale Perspektive uns helfen kann, Kraft zum Weitermachen zu finden. Wie sie uns zeigen kann, dass unsere Situation und unser Problem vielleicht doch nicht so schwierig und unüberwindlich sind, wie sie schienen, als wir die Hindernisse in isolierter Einsamkeit voller Angst anstarrten.

Manchmal läuft alles im Leben schief. Unfälle und Misserfolge häufen sich. Es ist, als würden wir verfolgt, gejagt und ständig ungerecht behandelt.

Wenn im Leben alles auf einmal kommt, wenn alles Elend sich gleichzeitig vor uns auftürmt, fällt es schwer, klar zu denken und sich nicht von Panik ergreifen zu lassen.

Schalte deine Gedanken auf null, »höre zu«, und

stell dir vor, wie andere sich über deine Situation unterhalten – über das, was dir soeben zugestoßen ist.

Vermutlich würden sie ihre Kaffeetasse oder ihr Weinglas heben und genau wie James Bond sagen:

»Na, das ist doch gar nicht so schlimm, das lässt sich doch lösen ...«

Bevor du aufgeben willst – bevor du glaubst, du müsstest das Handtuch werfen –, teste vorher noch die mentale Perspektive. Bald, sehr bald wirst du zurückdenken können, und dann ist diese ganze scheußliche Episode bloß noch Erinnerung.

Bald, sehr bald ist das Leben wieder normal – oder besser.

EIGENTLICH KANN MAN SICH GENAUSO GUT FÜRS GLÜCK ENTSCHEIDEN

»Wenn man sich
beim Leben bedankt
und nichts für
selbstverständlich hält,
durchbricht man den
Teufelskreis ...«

Eine Parkbank in Göteborg. Die Sonne schickt ihre Strahlen durch grüne Baumwipfel. Es ist Sonntagvormittag, und die Stadt liegt in sommerlicher Leere verlassen da. Vereinzelte Besucher kommen aus der großen Kirche.

Klein und eifrig eilt sie auf mich zu, im Sommermantel, mit Hut und weißen Netzhandschuhen. Sie hält ihr altes Gesangbuch in der Hand und kommt mir strahlend entgegen – voller Lebensfreude.

Wir setzen uns auf die sonnenwarme Parkbank, und sie erzählt mir von ihrer Lebensphilosophie. Sie ist etwas sehr Ungewöhnliches – ein durch und durch glücklicher Mensch, und ich will wissen, warum. Sie ist zweiundachtzig Jahre alt und empfindet jede Minute als ein spannendes Abenteuer.

»Es ist ganz einfach«, antwortet sie auf meine Frage. »Man trifft eine Wahl. Ich habe einfach das Glück gewählt!«

Sie lächelt ihr immer noch erstaunlich jugendliches Lächeln und sagt in die seltsame Stille dieses Sonntags hinein:

»Ich habe mich nie auf die Seite der Sorgen geschlagen! Stattdessen beschloss ich, den Stier bei den Hörnern zu packen und die Probleme zu überlisten. In meinem Leben ist sehr viel Trauriges passiert – aber statt zu trauern und unterzugehen, beschloss ich, ›Danke‹ zu sagen, dem Leben ›Danke‹ zu sagen! ›Danke‹ für die neuen Erfahrungen! Alle anderen klagten und sagten ›Ach‹ und ›Weh‹ – ich selbst sagte ›Danke‹ und weigerte mich, mich auf die Seite der Sorgen zu schlagen«, sagt sie respektlos und fährt fort:

»Manche haben mich wohl für leicht verrückt gehalten – aber gleichzeitig merkten sie ja, dass es funktionierte! Trotz schwerer Krankheiten und Misserfolge war ich glücklich und voller Freude. Andere waren unglücklich, trotz Gesundheit, Jugend und Erfolg. Wenn man sich beim Leben bedankt – und nichts als selbstverständlich ansieht –, dann durchbricht man den Teufelskreis. Als ich diese ›Methode‹ ein paar Jahre lang angewandt hatte, merkte ich, dass sowohl Unfälle als auch Krankheiten fast völlig verschwanden. Und jetzt, im Alter, möchte ich diese Einsicht, die mir so unendlich viel geholfen hat, an andere weitergeben. Ich möchte dir raten, ›Danke‹ zu sagen – ganz gleich, was

geschieht. Und vergiss nicht, dass alles, was dir wider-
fährt, immer einen tieferen Sinn hat.«

Sie lacht vergnügt. Die Sonne spiegelt sich in ihrer
dünnen Brille. Die blauen Augen, so jung und froh. Ein
glücklicher Mensch. Ein Mensch, der zu allem, was
ihm geschah, »Danke« gesagt hat, der den Teufelskreis
durchbrochen und sich niemals auf die Seite der Sorgen geschlagen hat.

Ich weiß noch, dass ich später, als ich durch das
sommerwarme Göteborg nach Hause fuhr, hinaus ans
Meer, zu den Booten, den Stränden, der Sonne und der
Musik, dass ich da endlich zu denken wagte:

»Eigentlich kann man sich genauso gut für das
Glück entscheiden ...«

ENTSCHEIDE DICH FÜRS GLÜCK

*»Morgens aufzuwachen
und daran zu denken,
was man alles hat –
vielleicht ist dies das Glück.«*

Ja, natürlich kann man sich genauso gut für das Glück entscheiden. Aber kann man tatsächlich einfach beschließen, glücklich zu werden? So funktioniert das Leben doch nicht?

Von Geburt an haben wir doch gelernt, dass Glück und Harmonie etwas sind, was immer von außen kommt – nicht aus unserem eigenen Innern. Das Glück kommt angeflogen, und wenn du Glück hast, klopft es auch an deine Tür und bittet, hereingelassen zu werden.

Wir können beschließen, regelmäßig zu joggen, abzunehmen, nicht mehr zu rauchen, jeden Morgen um halb sieben ohne Wecker aufzuwachen, indem wir dem Gehirn und dem Unbewussten mitteilen, genau um diese Zeit aufwachen zu wollen.

Aber Glück? Na ja, das kommt oder kommt nicht. Man muss eben das Beste hoffen, und überhaupt, ist es nicht ziemlich überspannt und anspruchsvoll, so hinter dem Glück herzujagen? Das ist doch wohl eher etwas für Teenager? Man kann doch froh sein, wenn man zufrieden ist, sich wohl fühlt und das Leben einigermaßen erträglich findet.

Und weil wir so denken, greift das Unbewusste unsere Signale auf, woraufhin das Leben auf den Horizont der Zufriedenheit zusteuert statt auf den des Glücks; aber vielleicht steuern auch wir selbst unser Leben in diese Richtung.

»Und dabei ist es die Pflicht des Menschen, glücklich zu werden«, hat jemand gesagt. »Erst wenn wir das Glücksgefühl erreichen, verstehen wir wirklich, was der Sinn des Lebens ist.«

Das ist so, als würden wir jeden Abend, bevor wir ohne Wecker zu Bett gehen, unserem Unterbewusstsein sagen:

»Ich wache eben auf, wann ich aufwache. Das lässt sich nicht bestimmen. Im Übrigen kann man froh sein, wenn man überhaupt aufwacht ...«

Jeder Gedanke, den du denkst, ist eine Investition in Glück – oder in Unglück. Jeder Gedanke ist eine wichtige Wahl – weil jeder Gedanke unser ganzes Zellsystem und unseren Blutkreislauf durchwandert. Daher beharren auch so viele Philosophen auf dem Satz:

»Du bist, was du denkst.«

Stellen wir uns ein halbes Glas Wein auf dem Tisch vor. Der Pessimist sagt: »Es ist halb leer.« Der Optimist sagt fröhlich und zuversichtlich: »Es ist halb voll.«

Beide haben Recht – in diesem klassischen Beispiel sagt keiner die Unwahrheit. Aber der eine hat beschlossen, die Möglichkeiten zu sehen, und der andere – die Unmöglichkeiten. Oder wie ein altes Sprichwort über den Schweizer Käse sagt: Manche sehen einen schönen Käse – andere sehen nur die Löcher...

Oder wie der Philosoph Schopenhauer genial formulierte:

»Der Mensch denkt stets an das, was er nicht hat – und nie an das, was er hat!«

Wir haben eine Wahl. Immer wieder haben wir eine Wahl – aber die meisten benehmen sich, als würden Glück und Lebensfreude von einer bestimmten Behörde verteilt werden, welche die Menschen der Reihe nach abhakt, aber nur, um nie bei dir und deinem Leben anzukommen.

Wir haben eine Wahl – aber wir wählen nicht. Das Leben wird eben so oder so, da kann man nichts machen. Wir begegnen fast nie einem Menschen, der direkt und ohne Umschweife erklärt: »Ja, ich bin glücklich.«

Dennoch sagt ein jeder: »Ich will gücklich werden, zumindest glücklicher als jetzt.« Aber wenn man dann plötzlich einer Sache gegenübersteht, die dem Leben großes Glück bescheren würde, erschrickt man und verdrückt sich lieber. Alle fliehen wie erschrockene Hasen vor dem Scheinwerferlicht in die Dunkelheit. Sie fliehen vor einem Licht, das alle Fragezeichen und alle dunklen Tunnel erhellen könnte. Dennoch laufen so viele davon. Dennoch erschrecken so viele.

»Lieber eine vertraute Hölle als ein unbekanntes

Paradies«, scheinen sich viele zu sagen. Die tägliche Hölle ist zwar trist – aber bekannt. Damit kann ich umgehen. Und wenn ich damit umgehen kann, fühle ich mich sicher – selbst wenn es mich auf lange Sicht vernichtet.

Die Frage, ob wir glücklich werden wollen oder überhaupt der Ansicht sind, dass wir es wert sind, glücklich zu werden, ist kompliziert. Tief in unserem geheimen Innern tragen wir nur allzu oft den Gedanken mit uns herum, wir seien nichts Besseres wert. Das Zweitbeste sei gut genug für uns. Damit geht die Gleichung auf: »Du taugst nichts, also bist du auch kein besseres oder glücklicheres Leben wert.«

Wir gönnen uns das Glück nicht – daher trauern wir auch nicht darüber, es nicht gefunden zu haben. Und dabei sollte jeder daran glauben, das Beste wert zu sein und nach den Sternen greifen zu dürfen – und nicht nur nach den Baumwipfeln. Wenn jemand den Baum schüttelt und einem die Früchte vor die Füße fallen, sollte man es wagen, sie auch aufzuheben. Das Glück ist großzügig und reicht für alle. Keiner braucht ein schlechtes Gewissen zu haben.

Und es geht nicht in erster Linie um Geld und Überfluss, Luxus und Scheinwerferlicht. Im Innern weiß das ein jeder von uns, und dennoch sind die meisten davon überzeugt, nur ein Luxusleben mit viel Geld, schnellen Autos, Booten, Macht und Ruhm, schönen Männern und schönen Frauen könne das entscheidende Glücksgefühl erzeugen.

Seltsam, dass der Mythos vom finanziellen Glück so stark ist – obwohl wir doch täglich mit den tragischen, unglücklichen Schicksalen der Berühmtheiten, Millionäre und Königsfamilien gefüttert werden. Berühmte Leben, tragisch von Scheidungen, Drogen, Alkoholismus, Selbstmord, Depressionen, Magersucht und unglücklicher Liebe gesäumt. Alle diese glorifizierten reichen, bekannten und auserwählten Menschen, die Geld und Luxus haben und deren schöne Gesichter und attraktive Körper sich ständig im Scheinwerferlicht der Bewunderung befinden. Sie haben alles – und dennoch ist ihr Leben so oft voller Verzweiflung und persönlicher Tragödien.

Trotzdem träumen die meisten von uns von einem großen, reichen und glanzvollen Leben voller Macht und Einfluss. Und natürlich können wir diese Träume haben – wenn wir nicht glauben, dass dieser Traum automatisch Glück, Freude und Liebe beinhaltet.

»Ich habe mich nie auf die Seite der Sorgen geschlagen«, sagt die zweiundachtzigjährige alte Dame, wenn sie täglich in ihrer schlichten Klugheit Glück, Dankbarkeit und Freude wählt.

Es ist leicht gesagt, dass wir eine Wahl haben – doch es kommt vor allem darauf an, unsere Wahl täglich zu erneuern.

Glück, das bedeutet vielleicht, morgens aufzuwachen und nur an all das zu denken, was man hat – und nicht daran, was man *nicht* hat.

Glück, das bedeutet, dankbar zu sein für das, was

wir als selbstverständlich erachten – wie viele andere Menschen würden alles dafür geben, um auch nur in die Nähe des für uns so Selbstverständlichen zu kommen.

»Wahrscheinlich ist es doch besser, sich für das Glück zu entscheiden!«

DU BIST NICHT ALLEIN

»Draußen wartet jemand
unter einem unbekannten Stern,
um dir genau das zu sagen.«

Du bist nicht allein. Du bist absolut nicht allein.

Selbst wenn du glaubst, nur du allein hättest die Gefühle, die du momentan hast – bist du in diesem Glauben auch nicht allein.

Was auch immer dazu führt, dass du dich »allein auf Erden« fühlst, dass du glaubst, du seist fremd und isoliert, ausgestoßen und anders als die anderen, es baut fast immer auf einem Irrtum auf, nämlich auf der Auffassung, etwas Menschliches und Emotionales könne etwas ganz Einsames, ganz Einzigartiges sein. Das Gegenteil ist der Fall, wir teilen sehr viel mehr mit unseren Mitmenschen, als wir glauben oder ahnen.

Aber die Furcht davor, allein zu sein und verlassen zu werden, lässt häufig Fassaden und Masken entstehen. Anstatt das zu sagen und zu zeigen, was wir gerade empfinden, sagen die meisten von uns etwas ganz anderes. Wir sagen, es gehe uns gut, die Sonne würde scheinen, die Arbeit laufe bestens und alles sei in Ordnung – denn wir glauben, verlassen und ausgestoßen zu werden, wenn wir die Wahrheit aussprechen.

Du bist nicht allein.

Du bist absolut nicht allein.

Es gibt immer jemanden, der schon etwas von dem gefühlt hat, was du im Moment empfindest. Und genau in diesem Moment gibt es auch jemanden, der dasselbe fühlt wie du.

Das Leben versorgt uns eigentlich weder mit neuen Tragödien noch mit neuen Gedanken und Zweifeln.

Generationen von Menschen haben so gezweifelt wie du, haben gegrübelt, geweint und ihr Schicksal verflucht, ohne einzusehen, dass wir alle am großen Gewebe des Schicksals teilhaben und dass alle Menschen auf unterschiedliche Art und zu verschiedenen Zeitpunkten davon erreicht werden.

Würden wir in einer Gesellschaft leben, welche die Menschen dazu aufforderte, das Leben als gemeinsames Erlebnis zu teilen, wäre alles einfach und voller Trost. Dann könnten wir immer genau das aussprechen, was wir fühlen, unsere Ängste und Zweifel artikulieren und als Resonanz die unglaubliche Freude und heilende Kraft des Wiedererkennens spüren.

»Glaube mir, ich habe die gleichen Gefühle gehabt wie du und die gleichen Gedanken gedacht.« Einfache Worte – aber Worte, die Wunder bewirken.

Wir wissen, dass es stimmt, und dennoch fehlt den meisten der Mut dazu. Sie wagen es nicht, den ersten Schritt zu tun, die Maske abzulegen und auszusprechen, wie es wirklich ist.

Aber irgendjemand muss den Anfang machen – und

vielleicht bist du das? Stell dir vor, dass alles, was du fühlst und denkst, trotz allem von unendlich vielen anderen Menschen kommt, die auch genau das gedacht und gefühlt haben, was dich gerade jetzt erfüllt. Wir haben alles geerbt. Gedanken und Gefühle sind wie das Wasser hier auf Erden. Das frische Wasser, das wir trinken und als sauber und neu erleben, ist bereits für andere Menschen zu einer anderen Zeit eine Leben spendende Quelle gewesen. Das Wasser bewegt sich in einem Kreislauf, genau wie die Erde, das Licht und die Dunkelheit. Im Sonnenaufgang, der uns vorkommt wie etwas ganz Neues und Klares, steigt dieselbe Sonne auf, die alle Generationen vor uns schon genossen und besungen haben.

»Aber ich bin so müde, ich kann nicht mehr«, sagen immer mehr Menschen.

Und sie sagen die Wahrheit. Sie sind wirklich müde.

Die heutige moderne Gesellschaft ist voll von müden, erschöpften Menschen. Menschen, die im Begriff stehen, sowohl physisch als auch psychisch gegen die Wand zu laufen. Menschen, die genau wie die meisten von uns glauben, dass sie umso glücklicher werden, je mehr sie leisten. Wir vollbringen unsere Leistungen nicht nur, um Geld zu verdienen und ein Auskommen zu haben – wir versuchen genauso oft, Höchstleistungen zu vollbringen, um geschätzt, respektiert und geliebt zu werden. Die meisten von uns haben ja gelernt, dass harte Arbeit oft auch dazu führt, dass andere Menschen uns anerkennen und lieben.

Wir wollen anerkannt werden. Wir wollen respektiert werden. Je mehr ein Mensch leistet und produziert, desto mehr Anerkennung genießt er – zumindest auf kurze Sicht. Wir werden danach beurteilt, was wir ausführen und leisten – und nicht danach, was wir als Mitmenschen tun, was wir denken oder wie viel Gutes wir vielleicht bewirken.

Ein guter, liebevoller und aufopfernder Mensch, der aber der heutigen Norm entsprechend nicht besonders viel leistet, wird in unserer Zeit leider oft sehr viel weniger geschätzt als ein kalter, böser und gefühlloser Mensch, der clever ist, andere ausnutzt, viel leistet und eine Menge Geld verdient.

Daher bewachen wir unsere Erfolgsreviere und die prunkvollen Türme unseres Rufes. Wir wollen bestimmen, siegen und gewinnen. Wir wollen im Leben auf der sicheren Seite sein. Wir wollen die Kontrolle behalten und tüchtig sein. Wir wollen einen guten Ruf haben.

In diesem Prozess vergessen immer mehr von uns zu leben. Das Leben besteht dann aus ein paar jämmerlichen, erschöpften Urlaubswochen, in denen wir Luft holen, um noch ein weiteres Jahr in dem Laufrad rennen zu können, das uns entkräftet, erstickt und die Sicht auf die großen Fragen des Daseins verstellt. Die Fragen, die sich meistens dann einstellen, wenn es fast zu spät ist – zu spät für das Leben, für den Neuanfang, für neue Werte und Forderungen:

»Ich möchte, dass du mich gern hast, auch wenn ich

nicht besonders viel leiste. Ich will, dass du mich liebst, auch wenn ich Schwäche zeige – oder gerade deshalb.«

Erst wenn wir eingestehen, dass wir ausgebrannt sind und uns fast zu Tode gehetzt haben – völlig sinnlos –, erst dann wagen wir die realistischen Lebensfragen zu stellen. Viele scheinen auf der Ziellinie auf den Zusammenbruch zu warten, weil dann das ewig schlechte Gewissen endlich befriedigt und außer Gefecht gesetzt ist. Dann spielt es keine Rolle mehr, und dennoch fällt man wie ein »Held« – überarbeitet, ausgepumpt und aus dem Gleichgewicht geworfen.

Noch einmal – was treiben wir eigentlich?

Warum können wir unser natürliches Bedürfnis nach Ruhe und Frieden und normaler, altmodischer Erholung nicht eingestehen? Wer hat die Ruhe unmodern gemacht?

Wir müssen kühner werden. Wir müssen es wagen zuzuhören, wenn sowohl Körper als auch Seele allgemeine Bremsmanöver signalisieren. Wenn die Ansprüche sich häufen, sollten wir nicht vergessen, uns immer öfter die Frage zu stellen:

»Schaffe ich das noch?«

Das heißt natürlich nicht, dass wir die Muskeln nicht mehr anspannen, uns nicht anstrengen und nicht unser Bestes tun sollen – aber alles in Maßen. Und wenn die Ansprüche steigen, sollten wir nicht vergessen, dass wir selbst oft diejenigen sind, die sie stellen – niemand sonst verlangt von uns, uns zu Tode zu schuften. Albert Einstein hat unter anderem folgenden Satz geprägt:

»Ein kluger Mensch strebt nicht in erster Linie nach Erfolg. Er strebt danach, wertvoll zu werden.«

Alle erfolgreichen Menschen sind nicht automatisch wertvoll – und viele unendlich wertvolle Menschen werden weder gesehen noch geschätzt oder wahrgenommen, weil sie sich in der einträglichen Welt der Produktion weder hervortun noch etwas darin leisten.

Die Losung ist das Wort Toleranz. Und das ist nicht nur ein Wort. Nach dem 11. September 2001 ist es eine internationale und philosophische Lebensnotwendigkeit.

Es fällt schwer, alle Menschen zu lieben, und das muss auch nicht sein. Intelligente Toleranz bedeutet, dass wir das Fremde nicht verabscheuen und vernichten müssen, auch wenn wir es nicht verstehen.

Auch wenn wir einen anderen Menschen nicht mögen, brauchen wir ihn nicht zu hassen. Wir können in unserer Toleranz ruhen und weitergehen. Wir können akzeptieren, dass wir verschieden sind und dass für alle Platz ist.

Du bist nicht allein.

Du bist absolut nicht allein.

Draußen wartet jemand unter einem unbekannten Stern, um dir genau das zu sagen …

*Positive Psychologie: Das Leben ist zu kurz,
um unglücklich zu sein!*

Martin E. P. Seligman
DER GLÜCKS-FAKTOR
Warum Optimisten
länger leben
Aus dem Englischen von
Siegfried Brockert
Sachbuch
480 Seiten
ISBN 978-3-404-60548-4

Das uralte Bedürfnis, glücklich zu leben, bewegt jeden Menschen. Ist Glück Veranlagung, Zufall? Nein! Jeder Mensch trägt
den Keim zum Glück in sich. Diesen Schatz muss er nur ans
Licht heben. Dieses Buch, wunderbar leicht geschrieben, ist
ein überaus praktischer und anschaulicher Ratgeber. Der Autor
begleitet den Leser mit zahlreichen Tests zur Selbstprüfung,
um die eigenen Stärken zu erkennen und zu entwickeln. Und
er ergänzt seine Erläuterungen mit vielen Beispielen aus seiner
therapeutischen Praxis. So können Eltern mit Hilfe dieser
Techniken bereits ihren Kindern im Babyalter ein positives
Lebensgefühl vermitteln.

Bastei Lübbe Taschenbuch

*Kleine Zeichen der Körpersprache sagen
mehr als tausend Worte …*

Peter Collett
ICH SEHE WAS,
WAS DU NICHT SAGST
So deuten Sie die Gesten
der anderen – und wissen,
was diese wirklich denken
Aus dem Englischen von
Wiebke Schmaltz
Sachbuch
416 Seiten
ISBN 978-3-404-60568-2

Nonverbale Zeichen begleiten jedermanns Rede, ohne dass wir
diese Gesten bewusst einsetzen oder bemerken würden: Man
zupft sich am Ohr, streicht sich durchs Haar, kneift sich ins
Ohrläppchen, knabbert an den Fingernägeln, fährt sich über die
Lippen. Diese Zeichen offenbaren dem Zuhörer binnen Bruch-
teilen von Sekunden, ob sein Gegenüber alles so meint, wie er
es sagt, was er wirklich denkt, wie er sich fühlt und wie es in
seinem Innersten ausschaut. Kommunikation besteht eben nicht
nur aus Worten, sondern vor allem aus kleinen »nonverbalen
Zeichen«: der ultimative Wegweiser zu ihrer Deutung.

Bastei Lübbe Taschenbuch